Kim Havenith und Gabriele Woschech

Rätselbuch
des unnützen Wissens

Kim Havenith und Gabriele Woschech

Rätselbuch
des unnützen Wissens

Allgemeinwissen erweitern &
logisches Denken trainieren

mvg *Verlag*

Bibliografische Information der Deutschen Nationalbibliothek
Die Deutsche Nationalbibliothek verzeichnet diese Publikation in der
Deutschen Nationalbibliografie. Detaillierte bibliografische Daten sind im
Internet über http://dnb.d-nb.de abrufbar.

© 2008 bei mvgVerlag, Redline GmbH, FinanzBuch Verlag GmbH, München
www.mvg-verlag.de

Redaktion: wortvollendet, Pia Gelpke, Wiesbaden
Umschlaggestaltung: Vierthaler & Braun Grafikdesign, München
Umschlagabbildung: gettyimages/Creative, München,
Fotograf: Gary S. Chapman
Satz: Jürgen Echter, Redline GmbH
Druck und Bindung: CPI – Ebner & Spiegel, Ulm
Printed in Germany
ISBN 978-3-636-07232-0

Inhaltsverzeichnis

Vorwort

Wenn auch Sie in der Tageszeitung auf der Suche nach originellen Fakten am liebsten das Vermischte lesen und zudem meinen, dass Wissen ruhig unterhaltsam aufbereitet sein darf, dann halten Sie genau das richtige Buch in Händen. Es erwarten Sie viele knifflige und lustige Fragen, die Spaß und Staunen machen und die Sie sowohl allein als auch gemeinsam mit Freunden lösen können.

Die Antworten auf die Fragen zu verschiedensten Lebensbereichen werden Sie verblüffen und faszinieren. Oder interessiert Sie etwa nicht, wo beim Menschen die kleinsten Knochen sitzen (Seite 49), wie eine Hexe den Papst verblüfft hat (Seite 43) und ob die Griechen bei den Olympischen Spielen früher nackt waren (Seite 61)? Wollen Sie nicht erfahren, ob Kalbsschnitzel direkt in den Mund springen (Seite 64), wie heiß es in der Hölle ist (Seite 72) und für wen die ersten Blue Jeans gedacht waren (Seite 65)?

Warum „unnützes" Wissen? So manches Wissen ist nicht unbedingt nützlich, aber dennoch bereichernd. Dieses Buch will Sie nicht mit Prüfungsfragen quälen, sondern Ihnen zeigen, wie reich die Welt an sonderbarem Wissen ist. Die Fragen drehen sich um alles Mögliche und Unmögliche, die Antworten sind lustig, skurril und erstaunlich – aber immer wahr. Um der Lösung auf die Spur zu kommen, benötigen Sie oft ein findiges Hirn und die Fähigkeit, erfundenen Unsinn und reale Fakten voneinander unterscheiden zu können.

Und wenn Sie ebenso viel Freude beim Lösen der Rätsel haben, wie wir auf der Suche nach spannenden und immer wieder überraschenden Fragen, dann hat dieses Buch seinen Zweck erreicht. In diesem Sinn wünschen wir Ihnen jede Menge Aha-Effekte und viel Spaß.

Kim Havenith und Gabriele Woschech

Das etwas andere Allgemeinwissen I

(Lösungen ab Seite 169)

1. Caspar, Balthasar und Melchior, deren Überreste im Kölner Dom verehrt werden, sollen den neugeborenen Jesus in Bethlehem bewundert haben. Sowohl die Bibel als auch andere historische Überlieferungen lassen allerdings nur vage Deutungen zu, um wen es sich bei den Überbringern von Gold, Weihrauch und Myrrhe handelte. Was aber nimmt man an? Waren sie ...?

a. heilig
b. möglicherweise keines von alldem
c. drei Könige

2. Um im 17. Jahrhundert die Pest in England zu stoppen, war es verboten ...?

a. zu küssen
b. zu gähnen
c. Tiere zu halten

3. Als gefrorenes Wasser bezeichnet man unter Insidern ...?

a. Haschisch
b. Opium
c. Kokain

4. Ein Carillon ist ...?

a. ein Glockenspiel
b. ein asiatisches Chamäleon
c. eine Comicfigur

5. Sicher kennen Sie die dreieckigen Verkehrszeichen, auf denen die Steigung oder das Gefälle der Straße in Prozent angegeben ist. Stellen Sie sich vor, Sie hätten eine Steigung von 100 Prozent vor sich. Wie groß wäre der Winkel dieses beeindruckenden Hindernisses? Wären es ...?

a. 90 Grad
b. 45 Grad
c. 100 Grad

6. Nicht am Mount Rushmore zu sehen ist ...?

a. Thomas Jefferson
b. Harry S. Truman
c. Theodore Roosevelt

7. Die erste Deutsche, die Wimbledon gewann, war ...?

a. Nelli von Sachs
b. Cilly Aussem
 c. Hilde Neverman

8. Wer darf nur unter strengstem Hausarrest gewählt werden? Unsere Bundestagsabgeordneten würden sich eine solche Einschränkung der persönlichen Freiheit verbieten, aber es gibt eine Wahl, bei der diese restriktiven Bedingungen gelten. Es handelt sich um die Wahl ...?

a. der thailändischen Königinnen
b. der deutschen Verfassungsrichter
c. der katholischen Päpste

9. Die Geburtsstunde des öffentlich-rechtlichen Fernsehens in Deutschland war ...?

a. im September 1962
b. im Februar 1946
c. im Dezember 1952

10. Das Taj Mahal wurde gebaut anlässlich ...?

a. einer Inthronisierung
b. eines Geburtstags
c. einer Beerdigung

11. Ein negativ geladenes Atom oder Molekül heißt ...?

a. Prion
b. Kaution
c. Anion

12. Eine Eigenschaft des Bambus hat in Asien zu seiner rasanten Verbreitung geführt. Man kann es der Pflanze nicht auf Anhieb ansehen, aber sie …?

a. ist gegen fast alle Schädlinge resistent
b. wächst mehr als einen halben Meter pro Tag
c. ist mit sehr nahrhaften und wohlschmeckenden Früchten ausgestattet

13. Der Gang nach Canossa …?

a. war eine Demutsbezeugung gegenüber dem Papst
b. ist der Fluchtweg aus dem Vatikan zur Engelsburg
c. ist für Formel 1-Fahrer eine zu hohe Übersetzung

14. Ein Delta entsteht, weil …?

a. das Meer den Fluss landeinwärts drängt
b. zu viele Bäume in der Mündung stehen
c. die Sedimente des Flusses sich ablagern

15. Ein hoher jüdischer Feiertag heißt übersetzt Versöhnungstag. Es handelt sich um …?

a. Schawuot
b. Jom Kippur
c. Kiddusch

16. Neben der Santa Maria segelte Kolumbus nicht mit ...?

a. der Pinta
b. der Oliva
c. der Niña

17. Der Gefangenenchor singt ...?

a. jeden Montag auf Alcatraz
b. in der Oper Nabucco
c. in jeder Jugendvollzugsanstalt (JVA)

18. Für die schnellste Atlantiküberquerung erhält das Schiff ...?

a. die goldene Schleife
b. das schwarze Tau
c. das blaue Band

19. Ein bekanntes Wiener Gotteshaus ist ...?

a. die Hedwigskathedrale
b. die Friedrichskirche
c. der Stephansdom

20. Eine Billion ist ...?

a. in Frankreich zwei Millionen
b. in Deutschland tausend Millionen
c. in Deutschland eine Million Millionen

21. Die Aleuten sind ...?

a. eine Inselgruppe
b. die Ureinwohner Neuseelands
c. eine Tiergruppe auf den Galapagosinseln

22. Der berühmte Sioux-Häuptling war ...?

a. Wounded Knee
b. Sitting Bull
c. Spitting Cow

23. Der Nobelpreis wurde schon mehrfach abgelehnt, unter anderem auch von ...?

a. Jean-Paul Sartre
b. Albert Schweitzer
c. Mahatma Gandhi

24. Stalagmiten unterscheiden sich von Stalaktiten aufgrund ...?

a. ihrer Wuchsrichtung
b. ihres Materials
c. ihrer Härte

25. Bernstein entsteht ...?

a. aus den Ausscheidungen von Honigbienen
b. aus Baumharz
c. aus Pflanzenresten, die unter hohem Druck zusammengepresst werden

26. Der politische Boss der DDR, Honecker, hieß mit Vornamen ...?

a. Gerhard
b. Erich
c. Ehrhard

27. An den Füßen trägt die Freiheitsstatue ...?

a. Sandalen
b. unklar, da der bodenlange Rock die Füße bedeckt
c. keine Schuhe, sie ist barfuß

28. Ein berüchtigtes Gefängnis in Südafrika ist ...?

a. Shark's Heaven
b. Robben Island
c. Tigers Dawn

29. Die Villa des Bundespräsidenten in Bonn war ...?

a. die Villa Schaumburg
b. die Villa Hügel
c. die Villa Hammerschmidt

30. Baba Jaga ist ...?

a. eine Stör-Art, die Belugakaviar liefert
b. die Hexe im russischen Märchen
c. der Spitzname Atatürks

31. Ein Anagramm ist ...?

a. der frühere Schnellbrief
b. ein Buchstabenrätsel
c. die Gewichtseinheit für Ananas

32. Können Sie zwei hoch zwei hoch zwei ausrechnen? Es ergibt ...?

a. 24
b. 16
c. 256

33. „So soll es sein" ist die ungefähre Übersetzung von ...?

a. Placebo
b. Bibel
c. Amen

34. Die Langerhansschen Inseln sind ...?

a. vor Ostfriesland
b. im Fehmarnsund
c. Zellen der Bauchspeicheldrüse

35. Der Schädel des Menschen setzt sich aus mehreren Knochen zusammen. Es sind ...?

a. ungefähr zehn
b. ungefähr 25
c. über 50

Stadt, Land, Fluss

(Lösungen ab Seite 175)

1. Die Länder Serbien, Tschad und Bolivien haben alle etwas gemeinsam. Sind die genannten Länder alle ...?

a. Binnenländer
b. türkisch besetzt gewesen
c. Staaten ohne Eisenbahn

2. Fjorde sind lange Meeresarme, die weit ins Land hineinreichen, und es gibt sie ...?

a. nur in Norwegen
b. nur in Europa
c. auch auf der Südhalbkugel der Erde

3. Kein Ostseeanrainer ist ...?

a. Russland
b. Ukraine
c. Schweden

4. Die offizielle Hauptstadt Südafrikas ist ...?

a. Kapstadt
b. Pretoria
c. Bloemfontein

5. Hawaii kannte man früher unter dem Namen ...?

a. die Inseln vor dem Winde
b. das Cook-Archipel
c. die Sandwichinseln

6. Formosa ist der alte Name von ...?

a. Sibirien
b. Gran Canaria
c. Taiwan

7. Der südlichste Punkt Afrikas ist ...?

a. das Kap der Guten Hoffnung
b. das Nadelkap (Kap Agulhas)
c. Port Elizabeth

8. Haiti und die Dominikanische Republik liegen auf ...?

a. Hispaniola
b. Puerto Rico
c. Jamaica

9. Dieser Inselname deutet auf heftigen Wind hin, gemeint ist ...?

a. Fuerteventura
b. Ascension
c. Madeira

10. Die Hauptstadt des Burgenlandes ist ...?

a. Eisenstadt
b. Messingen
c. Stahlhausen

11. Australiens höchster Berg ist ...?

a. zwischen 1000 und 2000 Meter hoch
b. zwischen 2000 und 3000 Meter hoch
c. über 3000 Meter hoch

12. Großbritannien entstand durch den Zusammen-schluss von England und ...?

a. Gotland
b. Schottland
c. den keltischen Inseln

13. Die Chiemseeinsel zwischen Herren- und Frauen-insel ist ...?

a. die Babyinsel
b. die Krautinsel
c. die Königsinsel

14. Die südlichste Stadt in Europa liegt ...?

a. in Griechenland
b. in Spanien
c. auf Zypern

15. San Francisco wurde benannt nach ...?

a. Franz Beckenbauer
b. Franz von Assisi
c. dem heiligen Franz Xaver

16. Von Deutschland aus am nächsten liegt ...?

a. der Nordpol
b. der Erdmittelpunkt
c. Sizilien

17. Die hinsichtlich ihrer Fläche kleinste Republik der Erde ist ...?

a. Monaco
b. die Vatikanstadt
c. Nauru

18. Dänemark besteht fast nur aus Inseln, aber welche ist die größte der 480 Inseln, die alle im Staatsgebiet Dänemarks liegen. Es ist ... ?

a. Fünen
b. Seeland
c. Jütland

19. Nicht in Spanien liegt ...?

a. die Costa Smeralda
b. die Costa de la Luz
c. die Costa Blanca

20. Spaniens höchster Berg findet sich auf ...?

a. der Iberischen Halbinsel
b. Mallorca
c. Teneriffa

21. Die größte Stadt am Bodensee ist ...?

a. Konstanz
b. Bregenz
c. Immerstedten

22. Jakarta hieß früher ...?

a. Babylon
b. Batavia
c. Ciliwung

23. Die Stadt Rom trägt das Attribut ...?

a. selig
b. ewig
c. göttlich

24. Das nördlichste Land Skandinaviens ist ...?

a. Finnland
b. Norwegen
c. Dänemark

25. Die Flaggen von Indonesien und Monaco sind ...?

a. kaum unterscheidbar
b. so aufgebaut, dass sie übereinandergelegt eine Pyramide darstellen
c. aus den gleichen Symbolen zusammengesetzt

26. Die Copacabana findet man in ...?

a. Brasilien
b. Cuba
c. der Dominikanischen Republik

27. Die russische Hauptstadt Moskau rechnet man zu ...?

a. Asien
b. Afrika
c. Europa

28. Dem Nordpol am nächsten liegt ...?

a. Dänemark
b. Russland
c. Kanada

29. Das größte Land der Erde ist ...?

a. China
b. Kanada
c. Russland

30. Kann man trockenen Fußes von Norwegen nach Russland kommen ...?

a. nein
b. nur per Fähre
c. ja

31. Das Flughafenkürzel SXF findet man in ...?

a. San Francisco
b. Singapur
c. Berlin

32. Tschechien grenzt nicht an ...?

a. Ungarn
b. Deutschland
c. Polen

33. Keine Ufer hat ...?

a. Deshalb
b. Oder
c. Ob

34. Persien heißt heute ...?

a. Iran
b. Israel
c. Thailand

**35. Wie viele Städte outen sich aufgrund ihres Auto-
kennzeichens als Hansestädte ...?**

a. 11
b. 7
c. 4

Kuriositäten aus der Tierwelt

(Lösungen ab Seite 179)

1. **Bekannt für tödliche Badegewohnheiten sind Tiere, die in größeren Gruppen ihrer Leidenschaft frönen. Es handelt sich um ...?**

a. asiatische Seekühe
b. chinesische Zwergkaninchen
c. Lemminge

2. **Keine Tiere sind ...?**

a. Schwämme
b. Seepferdchen
c. Katzenaugen

3. **Nicht flugunfähig ist ...?**

a. der Knurrhahn
b. die Fledermaus
c. das Flügelhorn

4. **Passgänger sind ...?**

a. Giraffen
b. Löwen
c. Hermeline

5. **Wildschweine haben ...?**

a. Hörner
b. Hauer
c. Säbel

6. **Es gibt eine gemeinsame Eigenschaft, die die Vögel Kakapo, Strauß und Emu verbindet. Sie alle ...?**

a. bewegen sich am liebsten laufend fort
b. picken gerne Kirschen
c. schubbern sich an Bäumen

7. **Den afrikanischen Lungenfisch zeichnet aus, dass ...?**

a. er nicht schwimmen kann
b. er sowohl Kiemen als auch Lungen hat
c. es ihn nur im Kambrium gab

8. Giraffe, Luchs und Löwe sind ...?

a. Wiederkäuer
b. Sternbilder
c. Huftiere

9. Eine Blume schmückt das Hinterteil von ...?

a. Hase
b. Dachs
c. Reh

10. Der Maulwurf befördert die Erde mit ...?

a. seinen Vorderbeinen
b. seinen Hinterbeinen
c. seinem Maul

11. Keine Nagetiere sind ...?

a. Hörnchen
b. Kaninchen
c. Stachelschweine

12. Das kleinste Säugetier ist ...?

a. das kleine Spitzhörnchen
b. die Hummelfledermaus
c. der Beutelmull

13. Blauwale erzeugen im Wasser Laute, die Artgenossen noch hören können, obwohl sie ...?

a. drei Kilometer weit entfernt sind
b. 18 Kilometer weit entfernt sind
c. 160 Kilometer weit entfernt sind

14. Dem Namen nach kommt die Siamkatze aus ...?

a. Nepal
b. Thailand
c. Tibet

15. Die größten Eier produziert ...?

a. der Strauß
b. der Walhai
c. der Albatros

16. Pauschen haben ...?

a. Warane
b. Eisbären
c. Pferde

17. Wie viele Flügel hat ein Floh ...?

a. vier
b. zwei
c. keine

18. Bei den Walfischen sind die Kiemen ...?

a. in der Stirnritze
b. vor den Spritzlöchern
c. nicht vorhanden

19. Welches Säugetier wird älter als der Mensch ...?

a. der Blauwal
b. keines
c. der Eisbär

20. Spinnen laufen auf ...?

a. acht Beinen
b. sechs Beinen
c. zehn Beinen

21. Welche Säugetiere haben mehr als sieben Halswirbel ...?

a. keine
b. Giraffen
c. Dreizehenfaultiere

22. Jesus zufolge sollten seine Jünger bestimmten Tieren nacheifern. Er sprach von ...?

a. Schafen und Falken
b. Schlangen und Tauben
c. Hunden und Eseln

23. Die Seemaus ist ...?

a. ein wendiger Tiefseefisch
b. ein vielborstiger Ringelwurm
c. ein häufig am Strand anzutreffender Vogel

24. Das Horn des Nashorns besteht aus ...?

a. Zahnschmelz
b. Haaren
c. Knochen

25. Kein Wiederkäuer ist ...?

a. ein Schaf
b. eine Giraffe
c. ein Flusspferd

26. Ein erfundenes Tier hat tatsächlich Eingang in ein medizinisches Lexikon gefunden, es handelt sich dabei um ...?

a. den Ottifant von Otto Waalkes
b. die Steinlaus von Loriot
c. den Drachen Tabaluga von Peter Maffay

27. Afrikanische Eierschlange, Ameisenbär und Zwergglattwal haben gemeinsam, dass sie ...?

a. keine Zähne haben
b. Vegetarier sind
c. Schwimmhäute haben

28. Keine Winterschläfer sind ...?

a. Rauchschwalben
b. Fledermäuse
c. Feldhamster

29. Snoopys bester tierischer Freund war ...?

a. ein kleiner Vogel
b. ein kleiner Igel
c. eine kleine Katze

30. Für die Spanier ist das Krokodil ...?

a. cocodrilo
b. alliga toro
c. crocodilo

31. Bei Regen kommen Regenwürmer an die Oberfläche, weil ...?

a. sie ein starkes Durstgefühl haben
b. ihre Haut wohltuend aufgeweicht wird
c. sie ein Überlebensinstinkt treibt

32. Nie in einem zoologischen Lehrbuch stehen wird ...?

a. der Schuhschnabel
b. das Landkärtchen
c. das Sohlenokapi

33. Pfauen machen auf sich aufmerksam, indem sie ...?

a. keckern
b. schreien
c. trompeten

34. Ein Eisbär würde niemals ...?

a. von Menschen aufgezogen werden können
b. seinen Durst an Eisbergen stillen
c. am Ross-Schelfeis auf Jagd gehen

35. Säugetiere sind...?

a. Wollschweber
b. Schnabeltiere
c. Fransenflügler

36. Kühe haben am Euter ...?

a. drei Zitzen
b. vier Zitzen
c. sechs Zitzen

37. Die Hufeisennase ist ...?

a. eine Wanze
b. eine Fledermaus
c. ein Tropenfisch

38. Pinnochio hielt sich als Haustiere ...?

a. Hase und Esel
b. Goldfisch und Katze
c. Pferd und Setter

Unglaubliche Geschichten I

(Lösungen ab Seite 184)

1. Aus welcher Sprache stammt das Wort „Tohuwabohu" und was bedeutet es ...?

a) Es setzt sich aus Wörtern des hawaiianischen Volksdialekts zusammen und geht auf eine Legende zurück: Tohu, ein König des Inselstaates, stiftete einst durch die Hochzeit mit der Angehörigen eines anderen Stammes große Verwirrung. Zwist und Unheil (= Wabo) waren die Folge. Das darauffolgende kriegsartige Familienchaos wurde von den beobachtenden Spaniern als Tohuwabohu in die Geschichtsbücher eingetragen, wobei die angefügte Silbe „hu" für schnell und unübersichtlich steht.

b) Das Wort kommt aus dem Hebräischen. Mit den Worten „Tohu wa vohu" („wüst und leer" zu übersetzen) wird in der Bibel der Zustand der Erde vor Beginn der Schöpfung beschrieben.

c) „Tohuwabohu" stammt aus dem Japanischen. Tohuwa, ein alter japanischer Zenmeister, warnte seine Schüler stets vor „Bohuu", was so viel wie „die Kontrolle verlieren" bedeutet und für einen Zen-Mönch eine echte Niederlage des Geistes darstellt.

2. Warum heißen die alten offenen, rundum laufenden Fahrstühle „Paternoster" ...?

a) Diese Fahrstuhlart wurde von dem katalanischen Ingenieur Pablo Arrociana erfunden, der zuvor lange auf einer Südseeinsel auf einer Kokosnussplantage seines Vetters gearbeitet hatte. Dort wurden Affen zum Kokosnussernten dressiert. Folgende Befehlsworte wurden verwendet: „Noster!" („Nuss pflücken!") und „Paterr!" („Runterwerfen!"). Daraus ergab sich ein ständiger Befehlssingsang: Noster-Paterr-Noster-Paterr-Noster ..., während andauernd schwere Kokosnussgeschosse nach unten sausten.

b) Der Pater nostere war in alten spanischen Klöstern der bedauernswerte Bruder, dessen Hauptaufgabe darin bestand, ständig den Glockenturm rauf und runter zu laufen, um sowohl die Messe anzukündigen als auch die volle und halbe Stunde anzuläuten. Es dürfte sich jeweils um einen Mönch mit guten Beinmuskeln gehandelt haben.

c) Die Bergleute im Mittelalter benutzten einen ähnlichen Lastenfahrstuhl mit Körben, die an einer umlaufenden Kette kreisten. Sie fühlten sich dabei an das Beten des Rosenkranzes erinnert, bei dem das Paternoster, das Vaterunser, wieder und wieder gemurmelt wird.

3. **Die katholische Kirche bezeichnete lange ein Küchengerät als gottlos. Welches war es ...?**

a) Die Gabel galt als Zinken des Teufels und eitles Gerät. Nachdem sie im 11. Jahrhundert in Italien erfunden worden war, verbot die Kirche sie ziemlich schnell. Gottgegebene Nahrung sollte ihrer Meinung nach nur von Gott geschaffenen Fingern verspeist werden.

b) Die Schere konnte laut Aberglauben Gutes von Bösem trennen, was nach Meinung der Priester nur Geistlichen zustand. Man war der Ansicht, das klassische Messer würde alle Bedürfnisse vollständig erfüllen.

c) Der Bratenspieß galt als gottlos, denn das Durchbohren von Lebewesen mit glühendem Metall war dem Teufel und den Folterknechten der Inquisition vorbehalten. Der normale Bürger wurde angehalten, stattdessen einen Ast oder Zweig zu benutzen.

4. Wer erfand die Mischung aus Zement, Wasser und kleinen Steinen, die man heute Beton nennt ...?

a) Die Chinesen erfanden sie beim letzten Bauabschnitt der chinesischen Mauer. Nachdem der empörte Kaiser festgestellt hatte, dass aufgrund minderwertiger Baumaterialien alte Teile der Mauer bereits in sich zusammenfielen, während am neuesten Abschnitt noch gebaut wurde, beauftragte er seine drei Hofbaumeister binnen einer Mondphase eine Lösung zu finden. Sollten sie keinen Erfolg haben, drohten ihnen schwerste Strafen. Die damals entstandene Mischung wurde einfach über die einsturzgefährdeten Teile gekippt und verhalf ihnen zu ungeahnter Standfestigkeit.

b) Die Franzosen sind die Erfinder des Betons. Während der Revolutionskämpfe experimentierten einige findige Bauhandwerker mit einem Gemisch verschiedener Materialien, welches die meist aus Sandsäcken bestehenden Barrikaden „sturmsicher" machen sollte. Schließlich hatten sie Erfolg, die Mauer erhärtete schnell und widerstand schon nach wenigen Stunden sogar einer Spitzhacke.

c) Die Römer verwendeten bereits Beton. Das unter Kaiser Hadrian errichtete Pantheon und das Fundament des vor Christus in Rom erbauten Concordiatempels gelten als erste Beispiele römischer Betonierkunst und werden allgemein bewundert.

5. Wer hat die „allerhöchste Eisenbahn" aufs Gleis
   gesetzt ...?

a) War es der Redakteur einer süddeutschen Tageszeitung, der eine Reisereportage veröffentlichte, in der
   er Folgendes berichtete: Die Eisenbahnlinie von
   Sucre nach La Paz in Südamerika sei dauernd
   verspätet und deswegen sei es zu einer geflügelten
   Redensart geworden, von „allerhöchster Eisenbahn" zu sprechen. Besonders passend sei diese
   Redensart auch, weil die Linie überwiegend auf
   3000 Meter über dem Meeresspiegel verkehre.

b) Oder war es der humorige Berliner Schriftsteller
   Adolf Glaßbrenner, der gerne satirische Texte über
   lokale Eigenarten der „ollen Balina" (alten Berliner)
   verfasste? Seine Geschichte *Heiratsantrag in der
   Niederwallstraße* handelt von einem leicht verwirr-
   ten Menschen, der fortwährend Begriffe vertauscht.
   Beispielsweise: „Es ist die allerhöchste Eisenbahn,
   die Zeit ist schon vor drei Stunden anjekommen ..."

c) Oder war es die Ehefrau eines Direktors der Deutschen Bundesbahn, die im Jahr 1952 eine Sitzung
   ihres Gatten mit der Äußerung sprengte: „Meine
   Herren, ich weiß, dass Sie hier höchste Eisenbahn-
   angelegenheiten verhandeln, aber wenn Sie noch
   länger zusammensitzen, verhungert mein Mann."
   Ein Redakteur bekam die Geschichte gesteckt und
   so wurde die Redewendung zum Allgemeingut.

6. Kaum jemand isst die Salzkörner auf den Brezeln mit Genuss. Warum bleibt das Salz aber trotzdem auf den angebotenen Brezeln ...?

a) Weil der Verband für das bayerische Backhandwerk mit allen Brauereien einen Vertrag geschlossen hat, der genau dies festlegt. Besonders in Bayern wird zum zünftigen Bier auch gerne eine Brezen bestellt (oder vom Wirt gratis dazu gereicht). Natürlich steigert das Salz wiederum den Durst, sodass sogleich ein neues Bier nachbestellt wird. So entsteht ein kleiner Konsumkreislauf, der alle zufriedenstellt.

b) Weil die Leute es so gewöhnt sind und niemand mit dieser Tradition bricht. Zaghafte Versuche mit Mohn oder Sesam oder ganz ohne alles haben die Kunden ignoriert, die Ware blieb liegen. Das wollten die Bäcker nicht noch einmal riskieren und alles blieb beim Alten.

c) Weil der Brezelteig in sich zusammenfällt, wenn sich nicht durch die chemische Reaktion der Salzkristalle auf der Teigoberfläche ein sogenanntes ahydratisches Vakuum bildet. Das kann jeder ausprobieren: Wenn man eine Brezel (natürlich ohne Salz!) auf den Toaster oder in den vorgeheizten Backofen legt, fällt diese schon nach wenigen Minuten in sich zusammen und übrig bleibt nur ein kleines Häufchen Krümel.

7. **Eine Hexe hat den Papst verblüfft. Wie hat sie das geschafft ...?**

a) Papst Paul VI. ist als sittenstrenger Wächter der katholischen Reinheitslehre bekannt. Sein Zusammentreffen mit Angelina del Populo aus Brindisi ließ ihn an seinen Überzeugungen zweifeln. Seine Ärzte hatten bei ihm einen inoperablen bösartigen Tumor diagnostiziert. In höchster Not ging er auf den Vorschlag seines Kardinalsstaatsekretärs ein, die Heilerin del Populo zu konsultieren, von der angenommen wurde, sie sei eine Hexe. Unter größter Geheimhaltung arrangierte man ein Treffen, obwohl Paul VI. zutiefst skeptisch war. Es drangen nur Gerüchte an die Öffentlichkeit, aber der Papst, so berichten einige Quellen, ließ sich von del Populo durch handfeste Beweise überzeugen. Nach der Behandlung erfreute er sich noch zwölf Jahre bester Gesundheit, bevor er 1978 starb.

b) Maria Gaetana Agnesi (1718–1799) war eine geniale Mathematikerin. Sie schlug das Angebot des Papstes Benedikt XIV. auf einen Lehrstuhl für Mathematik in Bologna aus. Die „Hexe von Agnesi" heißt ihre Lösung eines alten mathematischen Problems, denn diese Formel ermöglicht es, das Volumen eines Würfels exakt zu verkoppeln. Die Zahlenmeisterin mochte ihr Mailand nicht verlassen und gab dem Papst einen Korb.

c) Papst Johannes Paul II. wurde auf einer Polenreise von Debora Swewinska aufgesucht, die ihn um Hilfe hinsichtlich eines seltsamen Phänomens bat.

Der Vatikan hatte zwar im Vorfeld umfangreiche Recherchen angestellt, die die Glaubwürdigkeit der Polin untermauerten, und Johannes Paul war offen gegenüber sogenannten übermenschlichen Fähigkeiten, aber dass die Swewinska sich vor seinen Augen um mehrere Zentimeter in die Luft erhob, verblüffte ihn dann doch.

8.   Stecken Strauße bei Angst den Kopf in den Sand ...?

a) Straußenvögel schwingen ihre Köpfe aus drei Metern Höhe häufig zu Boden, unter anderem zur Entlastung der Nackenmuskeln, zur Nahrungssuche am Erdboden und aus anderen zahlreichen Gründen. Das Verscharren des Kopfes ist zudem eine willkommene und oft erprobte Tarnleistung, da die Statur des Strauß sehr gut der Savannenumgebung angepasst ist und jungen Affenbrotbäumen gleicht. So schließen die Tiere aus, dass sie entdeckt und hinterrücks angegriffen werden. Ob die Tiere dabei Angst oder Zufriedenheit empfinden, ist ungeklärt.

b) Dies ist ein oft zitierter Mythos, der von keiner ernst zu nehmenden Quelle bestätigt wird. Weder Beobachtungen in freier Wildbahn noch in Straußenfarmen, noch in zahlreichen Zoos haben jemals ein derartiges Phänomen nachgewiesen. Es wäre auch eine technische Meisterleistung für diese Geschöpfe, eine Kuhle im harten Savannenboden auszuheben und dann den eigenen Kopf – noch dazu, ohne etwas zu sehen – mit dem Aushub wieder zu bedecken.

c) Carl von Linné ist schuld. Der schwedische Naturforscher, der die Nomenklatur zur Klassifizierung der Tierarten entwickelt hat, ist einem bösen Streich seiner Studenten oder eines niederträchtigen Kollegen aufgesessen. Ihm wurden zur genauen Einteilung des Tierreichs zahllose Beobachtungen und Informationen übermittelt, und er übernahm eine durchaus zuverlässig klingende Beschreibung des von einheimischen Bantus ehrfürchtig „Gottesvogel" genannten Straußes. Das Eingraben des Kopfes wurde durch biologische Zeichnungen und Erzählungen von Bauern und Nomaden angeblich zweifelsfrei nachgewiesen. Allerdings war alles erstunken und erlogen.

9. Auf einem Schild am Berliner Reichstag wird vor
   Wrasenbildung gewarnt. Was ist daran bedrohlich …?

a) Es handelt sich um unkontrollierte Zusammenrot-
   tungen protestierender Menschen (Wrasen), die in
   einer Spontandemo ihren Unmut äußern wollen
   und sich dafür immer wieder den prominenten Ort
   suchen. Der Berliner Senat hat zusammen mit der
   Bundestagsverwaltung das Schild installiert, damit
   Touristen auf laute Rufe und Demonstrationsplaka-
   te vorbereitet sind.

b) Das Schild stammt von Spaßvögeln aus der autono-
   men Szene, die die Häufung von politischen Flos-
   keln in den Debatten des Bundestags und in Politi-
   kerinterviews anprangern wollen. Der erklärende
   Text auf dem Schild warnt vor nicht gesicherten
   Behauptungen (Wrasen), denen ahnungslose Bürger
   vor allem im Wahlkampf immer wieder Glauben
   schenken, ohne skeptisch nachzufragen und zu
   prüfen, ob die Aussagen überhaupt zuverlässig sind.

c) Es wird vor einer möglichen Dampfbildung gewarnt. Diese Dampfwolken (Wrasen) können unter
   ungünstigen Bedingungen an Fernwärmeleitungen
   entstehen. Dabei handelt es sich um Wasseran-
   sammlungen, die in Kontakt mit der Wärmeleitung
   kommen und dabei verdunsten. Völlig normal eigentlich, es kann aber gefährlich wirken, wenn ein
   grauer Schaltkasten plötzlich Dampfwolken aus-
   stößt.

10. Immer, wenn unterschiedliche Völker einander begegnen, werden Teile der einen Sprache in die andere übernommen. Manche Ausdrücke werden so integriert, dass man nach kurzer Zeit gar nicht mehr bemerkt, dass sie aus einer anderen Sprache stammen. Einige deutsche Worte sind sogar in den japanischen Sprachgebrauch übernommen worden. Welche Behauptung ist allerdings falsch ...?

a) „Arubaito", das Wort für Nebenjob, Aushilfstätigkeit oder Ferienjob, geht auf das deutsche Wort „Arbeit" zurück, obwohl man eigentlich meinen sollte, die Japaner hätten in diesem Lebensbereich keine Nachhilfe von den europäischen Langnasen nötig.

b) „Kuranke", der japanische Ausdruck für „Patient", ist ebenfalls eine Entlehnung aus dem deutschen Sprachgebrauch und kommt von „der Kranke".

c) „Guratto aisu" ist die japanische Bezeichnung für „Glatteis". Lange Zeit gab es dafür kein Wort im Japanischen, erst die Veränderung der klimatischen Verhältnisse und das erstmalige Auftreten von Glatteis im frühen 18. Jahrhundert machte diesen Mangel bemerkbar. Deshalb wurde für dieses natürliche Phänomen das deutsche Wort entlehnt.

11. Der menschliche Körper steckt voller wunderbarer Dinge. Unter den mehr als 200 Knochen gibt es etliche Größen und Formen. Wie groß sind die kleinsten Knochen und wo im Körper befinden sie sich ...?

a) Gehören sie zu den Schädelknochen? Diese von Alexander von Humboldt entdeckten sogenannten Scheitelbrücken sind winzige Verbindungsknochen (etwas größer als ein Millimeter) an den Fontanellen, die bei Neugeborenen für ein festes Verwachsen der Schädelknochen sorgen. Obwohl sie nach dem Verwachsen verschwinden, sind sie in der medizinischen Nomenklatur als die kleinsten menschlichen Knochen geführt.

b) Oder sind etwa die kleinsten der Handknochen gemeint? Die sogenannten Erbsenbeinknochen in der Handwurzel? Sie befinden sich in der Verlängerung des ausgestreckten Daumens und können von jedem Menschen selbst ertastet werden. Diese Knöchelchen sind mit 0,5 Millimeter Größe die Winzlinge im menschlichen Körper und ermöglichen uns, die Hände um eine Achse zu drehen, die sich vom Ellenbogen aus entlang des Unterarms fortsetzt.

c) Es wird die Reiter erfreuen, denn der kleinste Knochen ist der höchstens 3,4 Milimeter lange Steigbügel im Mittelohr. Zusammen mit Hammer und Amboss überträgt das Gehörknöchelchen die Schwingungen des Trommelfells auf die Flüssigkeit im Inneren der Hörschnecke. Ein Hebelmechanismus dieser drei Miniknochen verstärkt ankommende Schallwellen um das Zwei- bis Dreifache. Klein, aber oho, diese Knochen.

12. Hubschrauberpiloten können bei einem Motorausfall die Ruhe bewahren, denn es gibt eine Möglichkeit, sich dennoch einigermaßen sicher dem Erdboden zu nähern. Wie funktioniert die Technik, die jeder beherrschen sollte, der sich als Pilot in einen Hubschrauber setzt …?

a) Die Rotorblätter werden nach hinten geklappt und in eine arretierte Position gebracht. Ist das vollbracht, wird gesegelt. Es ist günstig, wenn der Seitenrotor noch arbeitet, weil man durch unterschiedliche Drehgeschwindigkeit dieses Rotors für ein stabileres Flugverhalten sorgen kann.

b) Der Pilot lässt den Hubschrauber zunächst einfach in die Tiefe rauschen und beruhigt eventuelle Passagiere, dass dies die beste Art sei, in einer derartigen Situation zu reagieren. Die sogenannte Eigenrotation des Rotors wird genutzt, um das Flugverhalten des Hubschraubers zu stabilisieren und einen kleinen Auftrieb zu erzeugen, der ein sanftes Gleiten zum Boden einleitet. Dafür werden die Rotorblätter in eine geeignete Position gebracht. Kurz über dem Boden nimmt der Pilot die Nase nach oben, wodurch die Sinkgeschwindigkeit abnimmt. So kann vom Rotor noch mehr Energie aufgenommen werden (die Drehzahl wird erhöht), und der Hubschrauber landet beinahe normal.

c) Bei dieser Technik werden die Rotorblätter sofort fixiert, und der Pilot lässt den Hubschrauber bis zur Landung kreiseln. Diese Art, dem Problem zu begegnen, kann bei empfindlichen Personen zu einem unangenehmen Schwindel führen, bringt den antriebslosen Helikopter aber sicher zum Erdboden. Das Prinzip ist aus der Natur entlehnt, viele Ahornsamen kreiseln sich ebenso ganz sanft und unbeschädigt zu Boden.

13. Alljährlich verleiht die Academy of Motion Picture Arts and Sciences den Academy-Award, den Oscar. Bei allen Filmschaffenden gilt die Auszeichnung als eine hohe Anerkennung. Worauf steht der vergoldete Oscar ...?

a) Der Oscar steht auf einer stilisierten Filmrolle. Das konnte aber erst nach Auseinandersetzungen der Academy-Führung mit den verschiedenen Künstlern durchgesetzt werden. Alternativen waren eine Filmkamera und ein Skriptbuch. Lästermäuler meinten, man könne die Figur ja auch gleich in einen Film einwickeln. Ihr Vorschlag wurde jedoch bei der Entscheidung nicht berücksichtigt.

b) Natürlich steht er auf einem Siegertreppchen. Dieser Kompromiss wurde beschlossen, nachdem die Vereinigung der Filmregisseure sich nicht auf eine konsensfähige Lösung hatte einigen können. Vice President Jerry Saundings hatte die rettende Idee: Wie bei einem sportlichen Wettkampf steht der Oscar oben auf der Siegertreppe, die weiteren Stufen werden nur angedeutet, da es bei der Verleihung nur einen Sieger gibt und keine Platzierten.

c) Es ist den wenigsten bewusst, aber der Oscar steht auf einer Riesenschlange. Sie symbolisiert den ewigen Kampf, den die Realisierung eines Films mit sich bringt. Der Oscar erhebt sich somit über die Widrigkeiten und Affären, die die Filmstudios und Filmschaffenden in Hollywood seit jeher umgeben. Angeblich soll Alfred Hitchcock diesen Vorschlag gar nicht ernst gemeint haben, und so war er auch

selbst überrascht, als „Alfreds Schlange" tatsächlich die Sockelfigurine des neuen Filmpreises wurde.

14. Welches der drei Gerichtsurteile hat es nie gegeben ...?

a) Ein Hahn wurde im 15. Jahrhundert in Basel verurteilt, weil er angeblich der Natur zum Trotz ein Ei gelegt hatte. Er wurde als Teufel verkleidet auf dem Scheiterhaufen verbrannt. Das löste bei den abergläubischen Baselern eine tief sitzende Angst vor Hähnen aus.

b) Ebenfalls im 15. Jahrhundert wurde in Florenz eine Glocke (!) beschuldigt, einen gesuchten Verbrecher durch ihr Läuten vor den Häschern gewarnt zu haben. Zur Strafe wurde sie durch die Straßen geschleift, vor dem versammelten Volk ausgepeitscht und für die nächsten elf Jahre aus der Stadt verbannt.

c) Im 12. Jahrhundert wurde in Köln eine Kuh angeklagt, den dort tätigen Dombaumeister durch einen Huftritt die Geschlechtsteile funktionsunfähig gemacht zu haben. Das Tier wurde dazu verurteilt, die nächsten drei Jahre jeden Tag fünf Stunden in einen Pferch mit zwölf brünstigen Stieren zu verbringen.

15. Woher kommt die Redensart „Eulen nach Athen tragen" ...?

a) Theosophis, ein alter griechischer Philosoph und Prophet, sagte den Athenern eine nicht genau beschriebene Naturkatastrophe voraus, die in dem Monat passieren sollte, in dem sieben weiße Eulen auf der Akropolis zu sehen sein würden und empfahl für diesen Fall den sofortigen Rückzug aus der Stadt. Eine findige und gut organisierte Diebesbande setzte des Nachts sieben weiße Eulen auf der Akropolis aus. Die Stadt wurde sofort komplett evakuiert. Die Naturkatastrophe fand dann in Form einer gründlichen Plünderung aller Heiligtümer und reichen Häuser statt.

b) Die Athener prägten eine Eule auf ihre Silbermünzen, das Wappentier der Stadt. Da Athen aber sehr reich war, galt es als überflüssig, noch mehr Geld in die Stadt zu bringen und so wird es noch heute als überflüssig angesehen, „Eulen nach Athen zu tragen".

c) Eulen galten im antiken Griechenland als Hüter der Weisheit. Es war verboten, sie zu töten oder gar zu verspeisen. Aus diesem Grund mussten alle tot aufgefundenen Eulen nach Athen in einen dafür bestimmten Tempel getragen werden, sonst hätten sie dem Finder großes Unglück beschert.

16. Es gibt zahlreiche Legenden, die die Herkunft des Croissants erklären. Welche Geschichte ist wahr ...?

a) Das Croissant kommt aus Belgien. In belgischen Dörfern wurde von jeher zur Jahreswende der stärkste Mann gekürt – er war der „Dorfstier". Nach dreitägigem ausführlichen Kräftemessen wurden dem Sieger zum Neujahrsmahl zwei gebackene Hörner (Croissant heißt übersetzt „Hörnchen") aus Teig serviert, die die Kraft des Stieres symbolisierten. Der Verlierer wurde zur Freude der Schaulustigen mit rohen Eiern beworfen.

b) Man erfand das Croissant im 17. Jahrhundert in Österreich, nachdem die Wiener Bäcker ihre Stadt gerettet hatten. Da sie nachts arbeiteten, hörten sie als Einzige, wie die feindlichen türkischen Truppen versuchten, durch einen Tunnel in die Stadt zu gelangen. Die rechtzeitige Warnung der Brotmacher bewahrte Wien vor der Besetzung. Daraufhin buken die stolzen Bäcker türkische Halbmonde („Hörnchen"), die noch heute von der Bevölkerung einfach weggefuttert werden.

c) Das Herkunftsland der Croissants ist Frankreich. König Ludwig XIV., der Sonnenkönig, wünschte sich, dass zu einem von ihm geschriebenen Theaterstück über die Macht der Gestirne Gebäck in Form von Sonne und Mond gereicht würde. Da die Strahlen der Sonne dazu neigten, immer wieder vom runden Brötchen abzubrechen, ist uns von dem königlichen Gebäck nur die Halbmondform erhalten geblieben.

17. Wann und wo fand der erste bekannte Streik der Geschichte statt ...?

a) In England verweigerten 1678 die Hafenarbeiter von Newcastle demonstrativ das Entladen zweier Schiffe. Nicht etwa aus finanziellen Gründen, sondern aus Angst vor Ansteckung. Sie wollten nicht mit der Fracht in Kontakt kommen, da auf den Schiffen zuvor die Pest gewütet hatte. Nachdem Sie durch Mundpropaganda die Bewohner von Newcastle aufgewiegelt hatten, wurden die beiden Schiffe samt Ladung aufs offene Meer geschleppt und dort abgefackelt. Die Hafenarbeiter errangen ihren ersten großen Sieg.

b) Erstmals gestreikt wurde in Amerika im Jahr 1862 beim Bau der Eisenbahnlinie, die Ost- und Westküste miteinander verbinden sollte. Die Gleisbauer der Central Pacific Railroad Company stellten geschlossen die Arbeit ein, nachdem es wiederholt Todesfälle durch unsachgemäße Tunnelsprengungen gegeben hatte und sie sich zudem durch eine desolate Versorgungslage geschwächt fühlten. Es wurde die erste Gefahrenzulage der Geschichte und mehr Nahrung gefordert. Schon verblüffend, wie schnell die Streikenden zu einem positiven Ergebnis kamen, aber Zeit und Arbeiter waren auch sehr knapp.

c) In Ägypten verweigerten 1156 v. Chr. die Arbeiter am Totentempel von Ramses III. jeden weiteren Handschlag. Sie hatten zwei Monate keine Bezahlung bekommen und sollten noch zusätzliche An-

bauten anfügen, die in der Planung nicht vorgese-
hen waren. Sie begründeten damit eine Tradition,
die bis heute den unteren Klassen zu ihrem Recht
verhilft.

18. „Play it again, Sam" ist eine bekannte Wendung aus *Casablanca*, aber wer sagt diesen Satz ...?

a) Ilsa (Ingrid Bergman) und Rick (Humphrey Bogart) verlieben sich laut Drehbuch heftig ineinander. Am Ende des Films wird Ilsa klar, dass sie die Pflicht hat, ihren gesuchten und gefährdeten Ehemann zu folgen und den Geliebten Rick für immer zu verlassen. In der rührseligen Abschiedsszene sagt die Bergman zum Pianisten: „Play ist again, Sam".

b) Humphrey Bogart sagt diesen Satz zum Pianospieler, nachdem sie ihn verlassen hat und er etwas hilflos im Club neben dem Klavier herumsteht. Der Pianist druckst herum und findet eine Ausrede, um nicht spielen zu müssen. Kurze Zeit später verfrachtet Rick seine Liebste samt Gatten heldenhaft in den rettenden Flieger.

c) Niemand weiß, woher der Satz stammt. Weder Ingrid Bergman noch Humphrey Bogart haben ihn je gesagt, jedenfalls nicht in dem Film *Casablanca*. Die Bergman sagt an einer Stelle: „Play it once, Sam, for old time's sake" und an einer anderen sagt Humphrey Bogart schmerzlich drängend: „You played it for her, you can play it for me. Play it!". Aber nach dem berühmten „Play it again, Sam" wird man vergeblich suchen.

19. Was ist ein Plumpudding, woher kommt er und wann wird er traditionell gegessen ...?

a) Ein Plumpudding ist ein irischer Pflaumenpudding aus einer besonders dunklen aromatischen Pflaumensorte, welche als letzte reift und in unreifem Zustand böse Bauchschmerzen verursacht, ausgereift aber eine besondere Delikatesse ist. Traditionell wird der Plumpudding zum Erntedankfest gegessen, vorher sind die Früchte natürlich gar nicht reif.

b) In schottischen Dörfern wird zur Wintersonnenwende alljährlich aus Jux der Dorftrottel, der sogenannte Plumpel, gewählt. Der arme Sieger muss vor Augen des gesamten Dorfes den Plumpudding aufessen, einen mit scharfen Gewürzen gebackenen Kuchen, in dem noch allerlei Unrat wie Knöpfe, Gräten und Kirschkerne mit eingebacken sind. Der Plumpel spielt zu den Jahreswendfeiern (Silvester) den Deppen, der mit schepperndem Küchengerät das vergangene Jahr vertreibt.

c) Der englische Plumpudding ist gar kein Pudding, sondern eine Art Christstollen, in dem neben vielen anderen Zutaten auch Dörrobst eingebacken wird. Er ist, flambiert und mit heißer Himbeersoße übergossen, ein traditionelles Weihnachtsdessert. Eigenartigerweise gehört Nierenfett zu der klassischen Zutatenliste.

20. Warum sind auf antiken griechischen Vasen die olympischen Läufer immer nackt dargestellt ...?

a) Ein würdiger olympischer Athlet sollte gleichzeitig ein großer Asket und absolut rein sein. Deshalb lebten die Sportler viele Monate vor dem Wettkampf bereits im Zölibat, hielten strenge Diät, reinigten sich nach den Riten der Priester und trainierten hart. Sie demonstrierten ihre Reinheit und die Tatsache, dass sie nichts zu verbergen hatten, indem sie beim Wettkampf nackt antraten, was im alten Griechenland keineswegs als anstößig galt.

b) Eine rein ästhetische Entscheidung. Der wohlgeformte, durchtrainierte Körper eines Athleten war der Gipfel der Ästhetik und wurde auch so dargestellt. Prüderie in der Kunst war damals unbekannt, Nacktheit galt als eine natürliche Erscheinungsform. Die tatsächlichen Athleten trugen bei den Wettkämpfen allerdings Lendenschurz und Sandalen.

c) Bei den 15. Olympischen Spielen 720 v. Chr. verlor ein Läufer mitten im Wettkampf seinen Lendenschurz und siegte. Im Glauben, dass sein Sieg auf seine Nacktheit zurückzuführen sei, beschlossen alle Konkurrenten, ebenfalls nackt zu laufen. Es blieb dabei, und die Künstler hat es inspiriert.

21. In welchem Land kostete es viel Geld, sich mit einem Bart zu schmücken und warum ...?

a) Im kleinen indischen Fürstentum Radschipur gab es besonders viele Sadhus, selbst ernannte Heilige, die neben Schweige- und Keuschheitsgelübden meist auch geschworen hatten, sich Haare und Nägel nie mehr zu schneiden. Der herrschende Maharadscha, der diese heiligen Männer sehr verehrte, belegte das Tragen eines Barts bei nicht Heiligen mit hohen Geldstrafen und machte es zum alleinigen Privileg der Sadhus. Nicht einmal der Maharadscha selbst durfte sich unrasiert in der Öffentlichkeit zeigen.

b) In Russland trugen viele Altgläubige, die nicht der russisch-orthodoxen Kirche angehören wollten, einen extrem langen Bart. Im Zug der allgemeinen Modernisierung erließ Peter der Große eine hohe Bartsteuer, um diese alte Tradition endlich abzuschaffen. Angeblich kam es daraufhin zu Massenauswanderungen. Etliche Männer retteten ihren Bart (und ihr Geld) über das Schwarze Meer ins nahe Donaudelta.

c) Taizu, ein Kaiser der Ming-Dynastie, war sehr stolz aus seinen langen, gepflegten Bart und in politischen Geschäften ein rechter Pfiffikus. Seine Staatskasse war leider ziemlich leer und ihm erschien eine Erneuerung seines Sommerpalasts dringend nötig. Also erließ er eine extrem hohe Bartsteuer, wohlwissend, wie beliebt Bärte zu dieser Zeit in China waren.

22. Was ist ein Ohrwurm und wovon ernährt er sich ...?

a) Ohrwürmer gehören zu den Spulwürmern und kommen hauptsächlich in feuchtwarmen Gebieten Afrikas vor, wo sie perce-oreille genannt werden. Die Tiere kriechen tatsächlich gerne in die Gehörgänge größerer Säugetiere (wozu natürlich auch der Mensch gehört). Dort finden sie ein ideales feuchtwarmes Dauerklima vor, und der Ohrenschmalz ist so etwas wie Gelee Royal für sie, in das sie gerne ihre Eier legen.

b) Ohrwürmer sind keine Würmer, sondern Insekten. Unser Ohrschmalz wäre für sie absolut unverdaulich. Sie ernähren sich von Blättern und kleinen Insekten. Ihren Namen bekamen sie, weil ihre Hinterflügel die Form eines menschlichen Ohrs haben. Die Spanier nennen sie „gusano del oido".

c) Tiere, die Ohrwürmer heißen, gibt es nicht. Keiner weiß, warum eine Melodie oder ein Lied, das uns partout nicht aus dem Kopf gehen will, egal, ob wir es mögen oder nicht, in den meisten Sprachen Ohrwurm genannt wird. Die Engländer nennen das Phänomen „earwig".

Skurriles Alltagswissen I

(Lösungen ab Seite 186)

1. **Eltern haften in Deutschland laut richterlichem Beschluss nicht für ihre Kinder …?**

a. wenn die Kinder die Taten absichtlich herbeigeführt haben

b. wenn ein vierjähriges Kind in einer verkehrsberuhigten Zone Roller fährt

c. wenn das Kind freien Zugriff auf Streichhölzer hat

2. **Wenn man die italienische Speisekarte übersetzen würde, wüsste man, dass …?**

a. Spaghetti endlos sind

b. ein Kalbsschnitzel in den Mund springt

c. eine Pizza religiös ist

3. **Eine dominante Frau …?**

a. geht auf zu hohen Stöckeln

b. trägt extrem kurze Röcke

c. hat die Hosen an

4. Ein verliebter Engländer ...?

a. stürzt sich in Liebe
b. fliegt in Liebe
c. fällt in Liebe

5. Das Silizium für die Chips unserer Computer wird gewonnen aus ...?

a. Muschelschalen
b. Sand
c. geschmolzener Lava

6. Gullydeckel sind rund, weil ...?

a. sie so nicht in den Schacht fallen können
b. man so Material sparen kann
c. auch die Abflussrohre rund sind

7. Die ersten Blue Jeans wurden ...?

a. für Cowboys gefertigt
b. an Goldgräber verkauft
c. an Sträflinge ausgegeben

8. Der Erfinder des Bikini war ...?

a. ein Lehrer
b. ein Maschinenbauingenieur
c. ein Postbote

9. Serifen finden sich an ...?

a. den Pyramiden
b. Buchstaben
c. Orchideenblüten

10. Nicht mit Sternen bewertet werden ...?

a. Hotels
b. Autos
c. Restaurants

11. Wenn ein Engländer Komplimente hören will, ...?

a. geht er angeln
b. geht er surfen
c. fährt er Ski

12. 1960 erfand Carl Djerassi ...?

a. die Antibabypille
b. das Tipp-Ex
c. die Figur Superman

13. Eine Vinaigrette ist ...?

a. eine Weinschorle
b. eine Salatsauce
c. ein Flaschenöffner

14. Ein Schraubenschlüssel ist auch bekannt als ...?

a. Spanier
b. Portugiese
c. Engländer

15. Pellworm ist der Name ...?

a. eines Wattwurms
b. einer Nordseeinsel
c. eines holsteinischen Kartoffelgerichts

16. Die Aalmuttern ist ...?

a. ein mechanisches Element
b. ein Barschfisch, der in allen Weltmeeren vorkommt
c. ein skandinavischer Troll

17. Zirren sind ...?

a. Federwolken
b. Grillen
c. Sternschnuppen

18. Ein österreichischer Ausdruck für Straßenbahn ist ...?

a. Bim
b. Trämerl
c. Bammel

19. Nicht im Duden zu finden ist ...?

a. voipen (über das Internet telefonieren)
b. Hallihallo!
c. pampern

20. Wohin schießen die Spekulationen ...?

a. ins Kraut
b. in den Kohl
c. ins Ziel

21. Die Reise nach Jerusalem kennt man ...?

a. aus dem Roman von N. Thornton
b. als Spiel
c. als James-Bond-Abenteuer

22. Bei einer Pipette handelt es sich um ...?

a. ein kleines Kriegsschiff
b. ein italienisches Mädchen
c. einen Saugheber

23. Die Rohrpost kommt zum Empfänger, indem ...?

a. sie per Druckluft durch die Rohre geschossen wird
b. sie in Flaschen die Kanalisation durchquert
c. Postangestellte die Nachricht in Rohre rufen

24. Ein Synchrotron ist ...?

a. ein Hagelsturm
b. ein Verstärker für Rockmusik
c. eine Beschleunigungsstrecke für Kernbausteine

25. Im Wasser findet man ...?

a. eine Spelunke
b. eine Dschunke
c. ein Kabuff

26. Übermorgen ist fünf Tage vor Freitag. Dann war gestern ...?

a. Mittwoch
b. Donnerstag
c. Freitag

27. Als „Nonnensausen" bezeichnet man ...?

a. ein Heilkraut
b. einen Hörschaden bei Klosterbewohnern
c. ein Symptom der Anämie

28. Wie wird Heu gemäht ...?

a. mit Sensen
b. mit Heugabeln
c. gar nicht

29. In der Regel beschleunigt der Pilot in einem fliegenden Verkehrsflugzeug, indem er ...?

a. das Fahrwerk einfährt
b. Gas gibt
c. in den Sinkflug geht

30. Was macht eigentlich ein Küfer, er ...?

a. kauft ein, denn das ist das österreichische Wort für „Käufer"
b. stellt Fässer her
c. macht die Laufflächen von Skiern und Bobschlitten gleitfähig

31. Täglich fließen durch die Niere ...?

a. bis zu drei Liter Blut
b. ungefähr 150 Liter Blut
c. in etwa 1500 Liter Blut

32. Die Temperatur der Hölle ist ...?

a. etwa so wie in kochendem Wasser
b. etwa so wie auf der Oberfläche von Sternen
c. etwa so wie in einer Kokerei

33. Loriots Namensgeber ist ...?

a. sein Vater
b. ein Vogel
c. eine Automarke

34. Die trockene Luft am Erdboden enthält ...?

a. etwa 21 Prozent Sauerstoff
b. nur drei Prozent Sauerstoff
c. über 80 Prozent Sauerstoff

35. Einen kreisförmigen Regenbogen sieht man ...?

a. am Äquator
b. wenn man aus großer Höhe auf die Erde schaut
c. wenn man einen Kopfstand macht

Musik, Film & Bühne

(Lösungen ab Seite 191)

1. Das Paar, das in der *West Side Story* im Kampf zwischen den Sharks und den Jets aufgerieben wird, haben viele ins Herz geschlossen. Die beiden heißen ...?

a. Maria und Tony
b. Donald und Daisy
c. Porgy und Bess

2. Dieser tierische Fernsehstar wird herbeigehupt, es handelt sich um ...?

a. Flipper
b. Kermit
c. Lassie

3. Der Charlie-Chaplin-Gang beruht medizinisch auf ...?

a. Plattfüßen
b. X-Beinen
c. O-Beinen

4. „Zwei mal drei macht vier", das behauptet singend ...?

a. Urmel
b. Pippi Langstrumpf
c. Miss Piggy

5. Im alten Balin janz köstlich amüsiert hat sich ...?

a. Bolle
b. Heintje
c. Hänschen

6. Einen großen Erfolg mit *Singing in the rain* hatte ...?

a. Gene Kelly
b. die Band der Beatles
c. Elvis Presley

7. Für die *Sex Machine* verantwortlich war ...?

a. Oswald Kolle
b. James Brown
c. Frank Zappa

8. Als erster Farbiger erhielt den Emmy ...?

a. Harry Belafonte
b. Roberto Blanco
c. Count Basie

9. Als Preise beim Filmfestival in Cannes werden ...?

a. Muscheln verliehen
b. Löwen vergeben
c. Palmen überreicht

10. Ludwig van Beethoven schuf ...?

a. vier Sinfonien
b. zwölf Sinfonien
c. neun Sinfonien

11. Von Robert Altman ist der Film ...?

a. *M.A.S.H.*
b. *E.T.*
c. *S*M*A*S*H*

12. Mozarts Oper heißt Don ...?

a. Camillo
b. Carlos
c. Giovanni

13. Im Film steht an der Reling der Titanic ...?

a. Georg Clooney
b. Leonardo DiCaprio
c. Brad Pitt

14. Ein Ros ist entsprungen aus ...?

a. einem Blumenstrauße
b. einem Pferdestall
c. einer Wurzel zart

15. Mr. Spocks Blutfarbe ist wie bei allen Vulkaniern ...?

a. dunkelblau
b. grün
c. orange

16. Batman außer Diensten ist ...?

a. Clark Kent
b. Bruce Wayne
c. Clark Gable

17. Eine von Haydns Sinfonien ...?

a. hatte einen Paukenschlag
b. war rheinisch
c. wird (unter anderem) mit einem Amboss gespielt

18. Bei den Beatles spielte den Bass ...?

a. Paul McCartney
b. John Lennon
c. Ringo Starr

19. Normalerweise präsentiert sich auf der Bühne ...?

a. Gräfin Lovelace
b. Gräfin Dönhoff
c. Gräfin Mariza

20. „Ich steh auf Berlin" sang ...?

a. Klaus Wowereit
b. Annette Humpe
c. Nina Hagen

21. Die Stolperfalle in *Dinner for One* ist ...?

a. der Kopf eines ausgelegten Tigerfells
b. ein Mikrofonkabel
c. eine Teppichbrücke

22. Charlie Chaplin spielte in dem Film ...?

a. Silbernebel
b. Zinktran
c. Goldrausch

23. Alfred Hitchcock zog 1958 einen neuen Film kurz nach der Premiere zurück. Es handelte sich dabei um ...?

a. *Das Fenster zum Hof*
b. *Die Vögel*
c. *Vertigo*

24. Wie viele Notenlinien gibt es ...?

a. acht
b. fünf
c. sechs

25. Richard Wagner bewohnte in Bayreuth ...?

a. die Villa Wahnfried
b. die Villa Hügel
c. die Villa Dolores

26. Ludwig van Beethovens berühmte Ode war ...?

a. an die Liebe
b. an die Freude
c. an die himmlischen Mächte

27. Laut Reinhard Mey gibt es über den Wolken ...?

a. kein Heute und kein Morgen
b. keine Ängste, keine Sorgen
c. nichts mehr zu besorgen

Das etwas andere Allgemeinwissen II

(Lösungen ab Seite 194)

1. **Welche touristische Attraktion hat 138 Stufen? Es ist ...?**

a. die spanische Treppe in Rom
b. die Arena di Verona
c. der Nord-Ostsee-Kanal

2. **Die Wörter Lagerregal, Otto und Rentner sind ...?**

a. sprachwissenschaftlich ausgewogen
b. Synonyme
c. Palindrome

3. **Zu den Nesthockern gehört auch ...?**

a. der Mensch
b. die Katze
c. das Pferd

4. Bekannt für ihre Printen ist die Stadt ...?

a. Lübeck
b. Aachen
c. München

5. D'Artagnan ist der Anführer von ...?

a. den drei Musketieren
b. den drei Isomeren
c. den drei Gleichen

6. Der Dekalog umfasst ...?

a. acht Verse
b. zehn Gebote
c. zwölf Wunder

7. Der Flechtenbär ist ...?

a. ein imaginäres Wesen aus der Werbung
b. ein indonesisches Kunstwerk
c. ein Schmetterling

8. „Nie sollst du mich befragen", dieses Zitat ...?

a. stammt aus dem *Zauberlehrling* von Johann von Goethe
b. ist das Motto des Wasserspeiers Bocca della verità in Rom
c. ist aus dem *Lohengrin* von Richard Wagner

9. Der Gebrauch von Schusswaffen war über 300 Jahre lang verboten in ...?

a. Schweden
b. Japan
c. den USA

10. Die menschliche Leber ist ...?

a. ein Sekret
b. eine Drüse
c. ein Hormon

11. Unser Blut zirkuliert mit einer Geschwindigkeit von ...?

a. drei Zentimeter pro Sekunde
b. 30 Zentimeter pro Sekunde
c. 30 Zentimeter pro Minute

12. Die Uspenski Katedraali steht in ...?

a. Helsinki
b. Teheran
c. Istanbul

13. Die erste Frau an der Spitze einer europäischen Demokratie war ...?

a. Gro Harlem Brundtland
b. Maggie Thatcher
c. Angela Merkel

14. Brobdingnag befindet sich in ...?

a. den Karpaten
b. Östergötland
c. *Gullivers Reisen*

15. Avalon ist für die Kelten ...?

a. der Höllenschlund
b. die Insel der Seligen
c. eine Kultstätte

16. Auf dem Hauptmarkt von Nürnberg steht ...?

a. der Lustige Heinrich
b. die Allwetteruhr
c. der Schöne Brunnen

17. Die Philosophin Edith Stein ...?

a. wurde vom Papst selig gesprochen
b. gilt als Autorin des Kommunistischen Manifests
c. hat den Literaturnobelpreis bekommen

18. An der Fassade des Petersdom in Rom hängen ...?

a. zwei Uhren
b. keine Uhren
c. vier Sonnenuhren

19. Das Wappen auf der Wochenzeitung *DIE ZEIT* ...?

a. ist das Bremer Stadtwappen
b. ist das Wappen der Familie Gutenberg
c. ist das Wappen der Pulitzer-Organisation

20. Muslimische Männer dürfen einen weißen Turban tragen, wenn sie ...?

a. verheiratet sind
b. im Namen des Dschihad kämpfen
c. nach Mekka gepilgert sind

21. Einen frei stehenden Glockenturm nennen Architekten ...?

a. Campanile
b. Risalit
c. Frontispiz

22. Der Erzengel Gabriel sprach die Jungfrau Maria auf eine bestimmte Art an, auf ...?

a. Englisch
b. Französisch
c. Portugiesisch

23. Der italienische Faschist Mussolini hieß mit Vornamen ...?

a. der Heilige
b. der Gute
c. der Glückliche

24. Nicht in Dollar bezahlt man in ...?

a. Thailand
b. Singapur
c. Australien

25. Die Wendung „e pluribus unum" kennt man ...?

a. als Motto der Tierärzte
b. als Motto der USA
c. aus der Europäischen Verfassung

26. Berühmter Tierpfleger im Jahr 2006/2007 war Thomas ...?

a. Weilersheim
b. Dörflein
c. Städtelein

27. Das Deutsche Reich tauschte 1890 die Insel Helgoland ein gegen ...?

a. die Rechte am Kricketspiel
b. die Insel Sansibar
c. das Land Kamerun

28. Der kürzeste Breitenkreis ist ...?

a. der Äquator
b. der südliche Wendekreis
c. der nördliche Polarkreis

29. Camouflage betreibt ...?

a. ein Imker, um sich vor Bienenangriffen zu schützen
b. ein Soldat, um sich zu tarnen
c. ein Maurer, der Putz aufträgt

30. Admiral, Buchdrucker und Wasserläufer sind ...?

a. Insekten
b. Sternbilder auf der Südhalbkugel
c. Berufe ohne offiziellen Mindestlohn

31. Die Chiromantie erkennt Zukünftiges ...?

a. auf der Handfläche
b. im Verhalten von Tieren
c. in der Gestalt und der Wuchsform von Pflanzen

32. Europas Grenzen öffneten sich nach dem Schengen-Abkommen. Benannt ist es nach ...?

a. dem Staatssekretär Pierre Schengen
b. einem luxemburgischen Grenzort
c. nach dem Bruder der mythologischen Europa

33. Schattenmorellen wachsen am besten ...?

a. am Sumpf
b. im Schatten
c. in der Sonne

34. Die Ureinwohner von Australien sind ...?

a. die Suaheli
b. die Aborigines
c. die Kangarooni

35. Ein 1700 Jahre altes Bauwerk in Istanbul ist ...?

a. die Konstantinssäule
b. der Mustafawall
c. der Äskulaptempel

36. Der Anteil Deutschlands an der gesamten Fest-landfläche der Erde beträgt etwa ...?

a. 0,25 Prozent
b. 1,8 Prozent
c. 3,25 Prozent

37. Ein Asteroid ist die Bezeichnung für ...?

a. einen Wahrsager
b. einen Himmelskörper
c. Magersucht

38. Eine Hamburger Kirche heißt ...?

a. Uwe
b. Franz
c. Michel

39. Kein Parasit in Pflanzenform ist ...?

a. die Kleeseide
b. das Sandelholz
c. der Weihnachtsstern

Unglaubliche Geschichten II

(Lösungen ab Seite 200)

1. Können Kühe schwimmen ...?

a) Zugegeben, Kühe schwimmen meist äußerst ungern, aber im Ernstfall ist das für sie kein Problem und ein beherzter Sprung ins Nasse rettet die eine oder andere brenzlige Situation. Wie sonst könnten die Viehhirten in Nordamerika ihre Viehherden über weite Strecken führen, wobei es auch gilt, den einen oder anderen Fluss zu überqueren?

b) Bedingt durch eine anatomische Besonderheit sollten Kühe tatsächlich nicht viel weiter als bis zum Bauch ins Wasser. Ihr Schließmuskel kann sich zwar extrem weiten, schließt aber oft nicht wieder vollständig. Zum Glück liegt diese Öffnung bei Kühen recht weit oben, aber bei einem längeren Aufenthalt in tiefem Wasser würden die meisten Kühe langsam „volllaufen" und somit nach einiger Zeit schwimmunfähig. Dem schnellen Durchqueren eines kleineren Baches steht allerdings nichts im Weg, da reicht notfalls ein kräftiger Furz, um das unerwünschte Nass wieder loszuwerden.

c) Kühe können zwar theoretisch schwimmen, dummerweise wissen aber die meisten von ihnen nichts davon. Ihr Instinkt sagt offenbar, dass die es nicht können. Fakt ist, dass fast alle Kühe in dem Moment, in dem sie keinen festen Boden mehr unter ihren Hufen spüren, in helle Panik geraten und anfangen, völlig unkoordinierte Bewegungen zu machen. Dies steckt zumeist die ganze Herde an, sodass selbst die Tiere, die eigentlich noch stehen können, in Gefahr sind, zu ertrinken.

2. Warum schnurren Katzen und wie machen sie dieses Geräusch ...?

a) Katzen schnurren nur, wenn sie mit ihrer gesamten Umgebung in Harmonie sind, sich also rundherum wohlfühlen. Schnurren bedeutet Einverständnis und Vertrauen. Das Geräusch wird aber nicht, wie viele vermuten, im Kehlkopf erzeugt, sondern in den Hohlorganen im Bauchraum. Fassen Sie einer schnurrenden Katze auf den Bauch, und Sie werden es sofort spüren.

b) Katzen schnurren nur beim Ausatmen und in der Frequenz ihrer Herztöne. Im angespannten Zustand oder unter Schmerzen ist es ihnen unmöglich, dieses Geräusch zu erzeugen. Deshalb wissen wir immer, dass es einer Katze gut geht, wenn wir sie schnurren hören.

c) Im Mittelalter war man in vielen Gegenden Europas bestrebt, bei jeder Geburt eine Katze im Raum zu haben, weil Katzen, während sie ihre Jungen werfen, fortwährend schnurren. Katzen schnurren also auch unter Schmerzen. Der Laut dient in solchen Fällen wahrscheinlich der Selbstberuhigung. Selbstverständlich schnurren sie auch aus Wohlbehagen und zwar mit ihrem normalen Stimmapparat, sowohl beim Ein- als auch beim Ausatmen. Katzenbabys schaffen es sogar, an den Zitzen zu saugen und gleichzeitig zu schnurren.

3. Was ist die härteste Substanz im Körper ...?

a) Die Schädelknochen sind es. Sie haben eine andere Dichte als das restliche Knochengerüst. Der Evolution war wohl bewusst, dass die Schaltzentrale des Menschen, das Gehirn, besonders geschützt werden muss und so verlieh sie fast allen Säugetieren eine Extraportion Mineralstoffe für die Festigkeit und eine besonders bruchsichere Struktur. Tritt trotzdem ein Schaden auf, wächst die Bruchstelle wesentlich schneller wieder zusammen als zum Beispiel bei einem Armknochen.

b) Wenn unsere Fußknochen nicht besonders widerstandsfähig und hart wären, könnten wir schon ab dem 30. Lebensjahr kaum noch gehen. Schließlich werden diese Knochen extrem belastet, da sie das gesamte Gewicht tragen müssen. Besonders die Fußwurzelknochen sind großen Belastungen ausgesetzt. In den Fußknochen sind deshalb besonders viele knochenhärtende Substanzen eingelagert, die bei Verletzungen zusammen mit besonderen Botenstoffen aktiviert werden, um die Knochen wieder zu härten.

c) Die absolut härteste Substanz in unserem Körper ist der Zahnschmelz. Diese dünne, glänzende Schicht besteht aus Fasern eines seltenen Minerals (Hydroxylapit). Diese Schicht ist der wichtigste Schutz unserer Zähne, den wir durch regelmäßige Zahnpflege erhalten sollten, denn einmal zerstörter Zahnschmelz wird vom Körper nicht mehr erneuert.

4. Wie kam Kanada zu seinem Namen ...?

a) Französische Seefahrer, die auf der Suche nach der Westpassage im heutigen Kanada an Land gingen, trafen dort auf Indianer. Wild auf die Landschaft zeigend, versuchten sie den Namen des Landes zu erfahren. Die Indianer glaubten, nach ihrer Wohnstatt gefragt zu werden, zeigten in die richtige Richtung und sagten freundlich „kanata" (irokesisch für „Dorf"). Deshalb müssen die Bewohner des zweitgrößten Landes der Erde sich wohl damit abfinden, immer noch wortwörtlich in einem Dorf zu leben.

b) Die ersten Siedler versuchten noch, einigermaßen friedlich mit den einheimischen Indianerstämmen zu leben. Eines der wichtigsten Rituale, um den Kontakt aufrechtzuerhalten, war der regelmäßige Besuch des Friedensrichters beim jeweils nächsten Indianerhäuptling. Folgende Worte bildeten immer den Auftakt des Gesprächs: Der Häuptling fragte „Kaan?" („Fremder?"), und der Weiße antwortete „Ada!"(„Freund!"). Die Wendung „Kaan-ada" bürgerte sich schnell ein und wurde allmählich auf das gesamte Land übertragen.

c) Der kanadische Ahorn, die berühmteste und meistgenutzte Pflanze des großen Landes hieß im Dialekt der Ureinwohner „Kaana", das oft mit dem Zusatz „da" (für: „viel") ergänzt wurde. Kanada bedeutet also „viel Ahorn", was auch heute noch dem reichen Baumbestand entspricht. Die Kanadier lieben ihren Ahorn so sehr, dass sie ein Ahornblatt mitten auf ihrer Nationalflagge platziert haben.

5. Wann gab es die ersten Münzautomaten ...?

a) In England zur Zeit der industriellen Revolution. Der Ingenieur Charles McIntosh erfand einen Automaten, der durch Münzeinwurf eine bestimmte Menge an Gas oder Strom freigab. Diese Automaten hingen in den Fluren der Mietskasernen der Arbeiter und waren besonders gegen Ende des Monats verhasst, wenn kein Geld mehr übrig war, um sich etwas Warmes zu kochen. Dummerweise ließen sich die Automaten kaum manipulieren.

b) Vor etwa 2000 Jahren erfand der griechische Mathematiker Heron von Alexandria einen Automaten für die Priesterschaft, der nach dem Einwurf einer Münze eine Ladung Weihwasser spendete. Diese Erfindung dürfte jedem Tempel eine solide Finanzquelle beschert haben.

c) Die Brüder Fred und Jack Sinclair erfanden um 1850 herum einen Spielautomaten, bei dem nach Einwurf einer Münze und Herunterdrücken eines Hebels Musik ertönte und bewegliche Scheiben mit bunten Feldern rotierten. Zeigten alle Scheiben bei Stillstand das gleiche Farbfeld, hatte man gewonnen und der Automat spuckte die gesammelten Münzen wieder aus – sie landeten in einem dafür bereit stehenden Gefäß („Jack's pot"). Nach diesem Prototyp wurden in der folgenden Zeit viele einarmige Banditen konstruiert.

6.   Warum sind Adlige „blaublütig"...?

a) In Frankreich war die Farbe Rot, das sogenannte Königspurpur, der königlichen Familie vorbehalten. Alle anderen Adligen durften Azurblau tragen, was sie dank allgemeiner Prunksucht auch ausgiebig taten. Damals waren die Stoffe jedoch noch nicht farbecht, sodass alle mit dem blauen Stoff in Kontakt gekommenen Körperteile einen dauerhaft bläulichen Schimmer aufwiesen, zumal tägliches Waschen damals nicht en vogue war.

b) Für die mittelalterlichen Mediziner war die Farbe des Bluts am besten an Zunge und Lippen zu erkennen, da diese Körperteile gut durchblutet sind. In der Regel konnten sich nur Adlige ständigen Rotweingenuss leisten und wie wir auch heute noch gut beobachten können, färbt der Rotwein Lippen und Zunge recht schnell leicht bläulich. So wurde den Adligen bald die berühmte Blaublütigkeit angedichtet, während Menschen mit blassen Lippen als blutarm und schwächlich galten.

c) Da sich die Mitglieder der königlichen Familie in Spanien laut Etikette so gut wie nicht bewegen durften (Bewegung galt als grob und bäuerlich), litten die so Erstarrten relativ häufig unter akutem Sauerstoffmangel im Blut, was die gut sichtbaren Venen bläulich schimmern ließ. Man machte aus der Not eine Tugend und erklärte die offensichtliche Blaublütigkeit zu einem adligen Phänomen.

7. Welcher Sinn weckt am schnellsten unsere Erinnerungen? Riechen, Sehen oder Hören …?

a) Vom Gehirnareal, das für unsere Erinnerungen zuständig ist, gibt es eine direkte Verbindung zur Nase. Gerüche werden auf dieser Sinnesautobahn sofort weitergeleitet und gespeichert. Die Gerüche werden von uns direkt mit einem Gefühl verknüpft, das sowohl angenehm als auch unangenehm sein kann. Auf diese Geruchsbewertung folgt dann die Geruchserkennung, die dazu führt, dass wir uns sehr schnell wieder erinnern können.

b) In unserem Sehzentrum findet die komplexeste Sinnesverarbeitung überhaupt statt. Die Augen versorgen uns mit unglaublicher Geschwindigkeit mit einer riesigen Menge an Informationen, die gleichzeitig mit den anderen Sinnen abgeglichen wird. Die visuellen Sinneswahrnehmungen sind im Verlauf der Evolution zu einer Art Leitsinn geworden, dem sich alle anderen unterordnen, da diese eher unzuverlässig und auch viel langsamer sind. Was wir hingegen mit eigenen Augen gesehen und überprüft haben, brennt sich für lange Zeit fest ins Gedächtnis ein.

c) Hören können Sie auch in einem absolut dunklen, geruchsneutralen Raum – und zwar Ihre eigenen Körpergeräusche, falls es sonst nichts gibt. Gehört haben Sie schon, als Sie noch im Mutterleib waren, und auch im Schlaf werden Ihre Träume oft durch Geräusche beeinflusst. Dieser Sinn hat nie Pause, es sei denn, Sie sind taub. Deshalb sind mit ihm auch die meisten Erinnerungen verknüpft, die auch dementsprechend schnell abgerufen werden können.

8. Wie lang leben Eintagsfliegen und was fressen sie ...?

a) Ihre kurze Lebenszeit von ein paar Stunden bis maximal ein paar Tagen vertrödelt die Eintagsfliege nicht mit Nahrungssuche und -aufnahme. Sie ist voll und ganz mit der Fortpflanzung beschäftigt. Ihr Darmtrakt ist gar nicht funktionstüchtig, sondern eher eine verkümmerte Attrappe. Sie zehrt also von dem, was sie sich im Larvenstadium angefressen hat – übrigens ist dieses um vieles länger als ihre Lebenszeit als Fliege.

b) In aller Regel schlüpfen Eintagsfliegen morgens bei beginnender Helligkeit und überleben die nächste Nacht nicht. Sie brauchen Licht, um ihre Körperfunktionen aufrechtzuerhalten und zwar das gesamte Spektrum des natürlichen Lichts. Es ist noch nie gelungen, Eintagsfliegen unter Kunstlichtbedingungen zu züchten. Sie fressen während dieser kurzen Zeitspanne überhaupt nichts und leben ausschließlich von der Energie des Sonnenlichts.

c) Eintagsfliegen brauchen keine feste Nahrung, dafür aber viel Flüssigkeit. Wenn diese auch noch mit Nährstoffen versetzt ist, umso besser. Eintagsfliegen, die Zugang zu einer nährstoffreichen Flüssigkeit haben, können durchaus eine Woche oder länger leben. Diejenigen, denen es nicht gelingt, innerhalb weniger Stunden eine nährstoffreiche Flüssigkeit zu entdecken und aufzunehmen, werden innerhalb desselben Tages im wahrsten Sinne des Wortes vertrocknen.

9. Welchen Taufnamen bekam der Komponist Mozart und wie stand es um seine Finanzen ...?

a) Mozart wurde auf den Namen Wolfgangus Amadeus Mozart getauft, wobei er selten den ersten und häufig nur den zweiten Vornamen verwendete. Seine Werke signierte er immer einfach mit „Mozart". Die Einkünfte waren abhängig von seinen Gönnern, die er durch rüde Verhandlungsformen oft so vor den Kopf stieß, dass sie ihn nur bescheiden entlohnten. Da er sich für „zu gut" hielt, um Schüler zu akzeptieren oder Musik für das einfache Volk zu machen, geriet er finanziell dauerhaft in Schwierigkeiten.

b) Mozart erhielt den Taufnamen Johannes Chrysostomus Wolfgangus Theophilus. Am meisten sagte ihm in reiferen Jahren der letzte Name, Theophilus, zu, wobei er die französische Form „Amadé" oder die lateinische Form „Amadeus" bevorzugte. Gemessen an der damaligen Kaufkraft war er mit einem Jahreseinkommen von 10000 Gulden (heute etwa 125000 Euro) ein Großverdiener. Leider waren seine Frau und er auch große Geldverschwender. Dazu kam seine Spielleidenschaft. Alles in allem schaffte er es, dass seine Familie bei seinem frühen Tod völlig mittellos war.

c) Auf den Namen Johannes Wolfgang getauft wurde aus Mozart ein anspruchsvoller Mensch, was seine Musik und deren Würdigung betraf. Ansonsten war er eher anspruchslos und bescheiden. Ganz im Gegensatz zu seiner Frau Constanze, die das mühsam beschaffte Geld mit vollen Händen ausgab, ihren Mann dazu brachte, sich hoch zu verschulden und ihn schließlich mit ihrer Prunksucht in den Ruin trieb.

10. **Eines der antiken Weltwunder bestand nur etwa 65 Jahre. Welches ...?**

a) Die Cheopspyramide. Die Ägypter hatten die Struktur der verwendeten Tuffblöcke unterschätzt. Schon nach wenigen Jahren brachen erste Stücke heraus. Der permanente Wüstensturm, der aus der Sahara herüberwehte, sorgte für noch mehr Abrieb. Zudem schritt die Zerstörung von innen voran, da das Bauwerk auf einem säurehaltigen Grund errichtet worden war, der den Steinen stark zusetzte. Nach etwa 65 Jahren brach die schöne Pyramide – vermutlich unter lautem Getöse – völlig zusammen. Das Bauwerk, das heute staunenden Touristen vorgeführt wird, ist eine Replik, die regelmäßig instand gesetzt wird.

b) Der Koloss von Rhodos, eine etwa 32 Meter hohe Eisenstatue des Sonnengottes Helios wurde nach circa 65 Jahren von einem Erdbeben vernichtet. Die Bruchstücke lagen auf der griechischen Insel mehrere hundert Jahre herum, bis im siebten Jahrhundert die Insel von Arabern erobert wurde, die die Überreste an Händler verkauften. Geschäftstüchtige Schrotthändler transportierten die Weltwunderbruchstücke alsbald ab.

c) Menschliche Unzuverlässigkeit ließ den Leuchtturm von Pharos nach ungefähr 65 Jahren in Flammen aufgehen. Es hatte sich schnell eingebürgert, dass in und an dem Weltwunder Dinge abgelagert wurden, die man heute als Sperrmüll bezeichnen würde. Der Grundgedanke war gut, denn das Feuer, das die

Schiffe leitete, musste immer in Gang bleiben und so war immer genügend Brennmaterial vorhanden. Doch eines Tages entzündete sich das gelagerte Material, und der Leuchtturm war nicht mehr zu retten.

11. Welche Lebewesen fühlen sich tief unter der Erdoberfläche am wohlsten ...?

a) Der südamerikanische Fettschwalm, auch Guacharo genannt, ist an das Leben in mehreren hundert Metern lichtloser Tiefe bestens angepasst. Die Vögel können mit einem Echolotsystem schmerzhafte Kontakte mit den Felsenwänden vermeiden und orientierten sich zudem mit ihrem perfekten Geruchssinn. Trotzdem setzen die Menschen der Population immer wieder zu: Die fettleibigen Jungtiere werden weggefangen und ihr Fett ausgelassen, um es als Brenn- und Speiseöl zu verwenden.

b) Asiatische Halbaffen, eine spezielle Unterart der Loriformes, sind in einer Warmzeit nach Skandinavien eingewandert und halten sich dort immer noch in kilometerlangen Höhlensystemen auf. Zwar versorgen sie sich auf der Erdoberfläche, flüchten aber immer wieder schnell vor den niedrigen Temperaturen ins Höhlenheim. Ohne diese Affen gäbe es die zahllosen Geschichten über Trolle und Erdgeister in der skandinavischen Kultur nicht.

c) Die Chinesische Schleichkatze hat aus ihrer Not eine Tugend gemacht. Da es durch die zunehmende Umweltbelastung besonders in der Region Shanxi für die Tiere immer schwieriger wurde, Nahrung zu finden, haben die Schleichkatzen alte Kohlegruben als neuen Lebensraum entdeckt. Weiterer Vorteil: Hier ist die Nahrungsgrundlage viel weniger verseucht (und deshalb wahrscheinlich auch schmackhafter) als an der Erdoberfläche. Die Katzen jagen in der Unterwelt Kleinnager, Tausendfüßler und Fledermäuse. Teilweise sind bei den Jungtieren die Augen nicht mehr voll ausgebildet und von der Nickhaut verdeckt – ein fortschreitender Anpassungsprozess an die neue Umgebung.

12. Bloß nicht die Deckel von Joghurt- oder Puddingbechern ablecken! Ist diese Warnung tatsächlich berechtigt ...?

a) Nein, diese Sache ist völlig ungefährlich. Es hatten sich mehrere Lobbyisten des guten Stils zusammengefunden, um dieser verbreiteten Unsitte mithilfe eines Gerüchts, die Deckel seien extrem gesundheitsschädigend, den Garaus zu machen. Man unterschätzte aber die Bequemlichkeit der Menschen und ihre Tendenz, das bezahlte Gut bis zum letzten Rest zu vertilgen. Es gab nur wenige Menschen, die für kurze Zeit vom Ablecken abzubringen waren. Die angedrohten Schäden konnten nie nachgewiesen werden.

b) In den Sechzigerjahren des letzten Jahrhunderts warnten Forscher vor den Gefahren, die von den Aludeckeln der Becher ausgehen sollten. Die Hirne von Versuchstieren waren geschädigt worden. Man munkelte von der Gefahr, die aufgenommenen Aluminiumteilchen könnten eine Alzheimer-Erkrankung fördern. Ein Verdacht, der nicht aufrechterhalten werden konnte. Die Mengen sind viel zu klein, und der Körper kann derartige Verunreinigungen auf natürlichem Weg ausscheiden.

c) Die Warnung vor gesundheitlichen Schäden ist auf einen kolossalen Rechenfehler zurückzuführen! Bei der Umrechnung amerikanischer Forschungsergebnisse auf europäische Maßeinheiten wurden die Kommatas versehentlich um zwei Stellen versetzt. Große Aufregung in der wissenschaftlichen Community war die Folge, als der Fehler entdeckt wurde. Die Autoren der Studie mussten kleinlaut von ihren Gefahrenprognosen abrücken. Seither darf wieder frei abgeleckt werden.

13. Ist die Zahl der Sternbilder eindeutig festgelegt oder hat man sich niemals einigen können ...?

a) Eine Eigenart des homo sapiens ist das Streben nach Ordnung. Seit je wurden von ihm also auch die sichtbaren Sterne zu bestimmten Gruppen zusammengefasst und mit Namen versehen. Die Astronomen einigten sich nach endlosen Verhandlungen 1922 auf 88 Sternbilder, die auch heute noch von der Internationalen Astronomischen Union als verbindlich angesehen werden.

b) Es ist völlig unmöglich zu einer Festlegung zu kommen. Dafür gibt es zu viel Unruhe im Universum und die riesigen Entfernungen zu den Sternen machen es unmöglich, ein echtes Abbild des Firmaments zu erstellen. Bereits erloschene Sterne sind auf der Erde immer noch zu sehen, das Licht neuer Sterne wird die Erde erst in Zehntausenden von Jahren erreichen. Zudem kommen durch verbesserte Fernrohre täglich neue Sterne hinzu, die man zuvor gar nicht kannte. Die Menge ist nicht zu bewältigen, das Chaos vorprogrammiert.

c) Die Nationen, die Raumfahrt betreiben, sind nie zu einer einvernehmlichen Einigung gekommen und es sieht auch nicht danach aus, dass sich dieser Zustand in naher Zukunft ändern könnte. In Amerika werden heute bereits Sterne und Sternbilder an zahlungskräftige Kunden verkauft, und in Russland und Indien beanspruchen Dutzende von Glaubensgemeinschaften das Recht zur Benennung „ihrer" Sterne für sich und ihre Mitglieder. Selbst ·in

Deutschland bieten einzelne meteorologische(!) Ämter an, nicht nur Hoch- und Tiefdruckgebieten Namen zu geben, sondern ganze Sternbilder nach den Liebsten zu benennen. Spricht man bald nicht mehr vom „Großen Wagen", sondern von „Schnuckimaus" am Himmel?

14. Lassen sich Schlangen auch mit Discomusik beschwören ...?

a) Man kann mit jeder Musik Schlangen beschwören, solange man die Musik rhythmisch mit dem Schwenken eines beliebigen Gegenstands begleitet. Da Schlangen stocktaub sind, reagieren sie einzig auf die Bewegungen des Beschwörers, die sie als Angriffsvorbereitung interpretieren. Die Schlangen stellen sich auf den vermeintlichen Gegner ein und verfolgen seine Bewegungen, damit sie jederzeit zubeißen können. Deshalb sieht es so aus, als tanze die Schlange.

b) Schlangen werden von flötenähnlichen Tönen in einen tranceartigen Zustand versetzt. Auch mit Klarinetten konnte man gute Erfolge erzielen. Schlangen können scheinbar allerdings Beethoven nicht von einem modernen Jazzstück unterscheiden, sie reagieren nämlich auf beides identisch. Deshalb liegt die Vermutung nahe, dass nicht die Tonfolge oder der Rhythmus, sondern eine bestimmte Art von Tönen ausschlaggebend ist.

c) Nicht die Flöte bringt die Schlange zum Tanzen, sondern die Art der Melodie. Schlangen reagieren auf möglichst eintönige Wiederholungen immer höherer Tonfolgen mit dem gewünschten Aufbäumen ihres Körpers. Da die Bewegung ihrem natürlichen Balzverhalten ähnelt, nimmt man an, dass der lange schlangenähnliche Flötenkörper zu diese Reaktion hervorruft. Tiefe Bässe, wie sie eine Flöte nicht hervorbringen kann, bewegen die Schlange zu direktem und sofortigem Angriff.

15. Was sind Bachblüten und wozu benutzt man sie ...?

a) Eine bestimmte Gruppe von Wildblumen, die nur an kleineren Fließgewässern vorkommt, wurde von dem Botaniker Michael Fidelius unter dem Namen „Bachblüten" zusammengefasst. Fast alle diese Blüten spielen in der Naturheilkunde eine wichtige Rolle, deshalb taucht dieser Name auch in vielen Naturkundeheilbüchern auf.

b) Nachdem vor etwa 60 Jahren die Deutsche Mark in Deutschland eingeführt wurde, machten sich französische Banden daran, das neue Geld illegal zu kopieren und über Rhein und Mosel ins Nachbarland zu schmuggeln. Eine Großrazzia des deutschen Zolls fing eine dieser Lieferungen auf dem Rhein ab. Bei dem Handgemenge landete ein Großteil der „Blüten" im Wasser und verteilte sich schnell stromabwärts. Noch jahrelang tauchten immer wieder sorgfältig getrocknete und gebügelte Exemplare im Handel auf und wurden im Volksmund liebevoll „Bachblüten" genannt.

c) Bei den sogenannten Bachblüten handelt es sich um ein System von 38 Blütenessenzen, die Dr. Edward Bach im frühen 20. Jahrhundert entwickelte. Seine Bachblütentherapie versucht negative Seelenzustände aufzulösen und damit oft auch die Ursache für körperliche Beschwerden zu beseitigen. Wirksam werden dabei nicht etwa eingenommene Pflanzenteile, sondern ähnlich wie in der Homöopathie nur deren Schwingungen beziehungsweise Informationen, konserviert in einer Alkohollösung.

16. **Warum können manche Menschen mit den Ohren wackeln und andere nicht? Welchen Muskel müsste man dafür trainieren ...?**

a) Die Fähigkeit zum Ohrenwackeln ist in den Genen festgelegt und wird meist – zur Freude aller – innerhalb der Familie weitergegeben, wobei oft eine Generation übersprungen wird, selten sogar zwei. Die dafür zuständigen Muskeln laufen seitlich am Kopf Richtung Schläfe und sind bei den genetisch nicht Begünstigten schlicht nicht vorhanden – da helfen auch keine Ohrhanteln.

b) Als Kleinkinder konnten wir alle mit den Ohren wackeln und haben es wahrscheinlich auch häufig getan. Da diese Form der Mimik aber eher auf Ablehnung beim Gegenüber stößt, unterlassen kleine Kinder das Ohrenwackeln, wenn sie älter werden, denn schließlich wollen sie gemocht werden. Wir lassen uns unser fröhliches Ohrenwackeln also regelrecht wegsozialisieren. Der so stillgelegte Mimikmuskel führt vom Kinn zum Ohr und wird ansonsten nicht benötigt.

c) Die fürs Ohrenwackeln zuständigen Muskeln liegen im Nackenbereich und können wie alle bewusst aktivierbaren Muskeln durch häufigen Gebrauch trainiert werden. Allerdings sind sie bei 99,7 Prozent der Menschen außer Gebrauch oder verkümmert. Die Ohren bewegen zu können, ist übrigens ein Privileg aller Säugetiere, nur Wale und Maulwürfe müssen auf das fröhliche Wackeln verzichten, weil sie keine Ohrmuscheln besitzen.

111

17. **Was wurde von Menschen gebaut und kann auch vom Mond aus mit bloßen Augen auf der Erde gesehen werden ...?**

a) Die Pyramiden von Gizeh sind zwar nicht einzeln, aber als Ansammlung von Flächen erkennbar. Sie sind allerdings nur bei einem bestimmten Einfallswinkel der Sonne und nur jeweils zwei bis drei Stunden täglich vom Mond aus sichtbar.

b) Die Chinesische Mauer ist vom Mond aus gesehen nur ein dünner Strich, aber wegen ihrer enormen Länge von über 6000 Kilometern als eine der wenigen deutlich erkennbaren Linien auf der Erdoberfläche auszumachen. Die Chinesen erfüllt dies mit sehr viel Stolz und viele Souvenirs, die die Chinesische Mauer abbilden, sind mit einem entsprechenden mehrsprachigen Hinweis versehen.

c) Würde ein Mensch behaupten, einen Apfel am Baum aus circa 350 Kilometer Entfernung mit bloßem Auge sehen zu können, würden wir ihn glattweg des Größenwahns bezichtigen. Warum sollten wir also einem Astronauten eine Sehfähigkeit zutrauen, die einem extrem guten Teleskop entspricht? Egal, wie viele Möhren Sie essen, um Ihre Sehkraft zu stärken, Sie können weder Pyramiden noch die Chinesische Mauer, noch ein anderes Gebäude vom Mond aus sehen.

18. Welches Säugetier bestimmt den Zeitpunkt der Geburt seiner Jungen selbst ...?

a) Das weibliche Gürteltier kann nach dem sexuellem Kontakt mit einem Männchen die Befruchtung der Eizelle bis zu etwa zwei Jahren hinauszögern, wenn die Lebensumstände es ratsam erscheinen lassen, zunächst auf Junge zu verzichten. Spätestens nach dieser Zeit sollte Madam Gürteltier aber das richtige Umfeld für eine Familienidylle geschaffen haben.

b) Weibliche Ameisenbären können, wenn sie zu ungünstigen Zeiten geschwängert werden (wenig Nahrung, falsche Jahreszeit), die befruchteten Eizellen mit dem umgebenden Gewebe abstoßen. Sie leiten so eine natürliche Abtreibung ein, um nicht zu einem Zeitpunkt Junge in die Welt zu setzen, an dem diese wahrscheinlich nicht überleben würden.

c) Kängurus können ihre voll entwickelten Jungen über mehrere Monate im Beutel lassen und weiterhin über die Nabelschnur ernähren, wenn die Umstände es erfordern. Die Muttertiere durchtrennen die Nabelschnur selbst mit einem gezielten Biss, wenn ihnen der Zeitpunkt geeignet erscheint, und lassen ihre Jungen erst dann aus dem Beutel heraus, wenn alles absolut sicher ist. Und sollten doch irgendwelche Bösewichte übersehen worden sein, gibt es immer noch den rettenden Sprung in Mutters Beutel.

19. In Pyramiden aufbewahrt, bleiben Klingen scharf und Lebensmittel lange frisch. Ist das so ...?

a) Eindeutig nein. Bei vielfältigen naturwissenschaftlichen Untersuchungen gab es keinerlei Belege dafür, dass derartige Prozesse nachweisbar und wiederholbar sein könnten. Einige Wissenschaftler sprachen von „Hokuspokus", als man sie fragte, ob das möglich sei. Andere sahen sich außerstande, mit ihren Methoden auf derartige abstruse Probleme eine befriedigende Antwort zu finden.

b) Diese Behauptung ist nur eine hübsche Anekdote, die vom ägyptischen Fremdenverkehrsamt immer wieder aufgefrischt und verbreitet wird. Dabei handelt es sich ursprünglich um eine Geschichte des Märchenerzählers Hasum al Dschawiri (ca. 340 bis 385 n. Chr.). Seine Motivation, diese fantastische Gesichte zu verbreiten, hatte allerdings nichts mit dem Bedürfnis zu tun, tatsächliche Informationen zu vermitteln, sondern entsprang vielmehr dem Wunsch, zu unterhalten – ein Zeitvertreib, dem die Menschen heute noch allzu gerne frönen.

c) Der tschechische Ingenieur Karel Drbal befasste sich Mitte des 20. Jahrhunderts mit Forschungen aus Frankreich, die diese seltsamen Effekte in pyramidenförmigen Behältern oder Gefäßen erkundet und nachgewiesen hatten. Drbal baute ein maßstabgetreues Modell der Cheopspyramide und legte die täglich benutzte Rasierklinge dort hinein. Sie wurde nicht stumpf. Er ging 1959 zum Prager Patentamt, das die Sache sehr kritisch prüfte und dennoch mit dem Patent Nr. 91304 bestätigten musste. Das Warum dieses Phänomens konnte bislang allerdings nicht geklärt werden.

20. **Sogenannte Killerbienen, die aggressiv Menschen und Tiere attackieren, sind eine Idee von geschmacklosen Sensationsjournalisten oder etwa nicht ...?**

a) Brasilianische Imker hatten die interessante Idee, imkerlich bewirtschaftete europäische Bienenvölker mit ursprünglich wild lebenden afrikanischen Bienen zu kreuzen, um den Honigertrag zu steigern. Zwei Dutzend der aggressiveren afrikanischen Königinnen folgten ihrem Freiheitsdrang und verdufteten mitsamt ihrer Völker. Sie verbreiteten sich immer weiter über den amerikanischen Kontinent und viele Tiere und Menschen kamen bei den Angriffen dieser Bienen ums Leben.

b) Bienen greifen in den meisten Fällen nur bei konkreter Bedrohung ihres Stocks an. Dabei kommt es zu Einzelaktionen, die Tiere greifen nicht im Schwarm an. Die Meldungen über Killerbienen sind schlecht und falsch übersetzte Meldungen von mutierten Hornissen, die in der Umgebung von Kernkraftwerken auftraten. Zwar kann eine solche Begegnung unangenehm sein, aber es sind keine Fälle verbürgt, bei denen Menschen oder Tiere tödlich verletzt wurden.

c) Die Sage von den Killerbienen stammt aus dem Brainpool der nordamerikanischen Bienenzüchter. Um sich der unliebsamen Konkurrenz aus Südamerika zu erwehren, erfanden sie die beunruhigenden Geschichten über Bienenvölker, die nur im Süden des Landes beobachtet werden konnten und die Mensch und Tier zu Schaden brachten. Dr. Jeremias Bienfait zeichnete für die frei erfundene Story über die südamerikanischen Killerbienen verantwortlich.

21. Schlafen Pferde tatsächlich im Stehen und wie bringen sie das ohne Umkippen zustande ...?

a) Pferde legen sich natürlich zum Schlafen hin wie nahezu alle Säugetiere. Dieser Reflex entspannt den gesamten Körper und lockert die Muskeln und Sehnen, nur so kann während der Ruhezeit neue Energie für den nächsten Tag gesammelt werden. Zwar hätten Pferde mit vier Beinen die Möglichkeit, den Körper auszutarieren, aber während des Schlafs ist die dafür notwendige Aufmerksamkeit des Großhirns nicht mehr gegeben.

b) Diese Legende führte während der Weimarer Republik zu der Redewendung, man hätte „schon Pferde k...n (sich übergeben) sehen". Und das kam so: Das Veterinärsamt gab eine neue Richtlinie für den Transport der Vierbeiner per Güterzug heraus. Die Experten schrieben, dass „aufgrund der Tatsache des stehenden Schlafes der Equidae ein Anleinen während der Fahrt nicht vonnöten sei ...". Was offensichtlich ein Irrtum war, denn die ersten Transporte erreichten das Ziel nur unter erheblichen Verlusten und mit äußerst verschmutzten Wagen. Fortan wurden die Tiere festgeschnallt.

c) Für Pferde ist es die normalste Sache der Welt, lange Zeit im Stehen zu verbringen (über einen Monat lang!). Auch Schlaf ist währenddessen möglich, weil die Tiere ein einzigartiges System von Muskeln, Sehnen und Bändern haben, die miteinander wie ein Netzwerk verbunden sind und dem Körper Stabilität verleihen. Dies hat vor allem einen evolutionären Vorteil, da die Tiere so schnell zur Flucht bereit sind. Lägen sie auf dem Boden, würde wertvolle Zeit verstreichen und sie würden leichter eventuellen Angreifern zum Opfer fallen.

Spiel & Sport

(Lösungen ab Seite 203)

1. **Diese Sportler hätte ohne Glas niemals die gemachten Rekorde erreicht, es handelt sich um ...?**

a. Bobfahrer
b. Stabhochspringer
c. Biathleten

2. **Hier dürften Tanzprofis nur milde lächeln, aber Freizeitsportler werden schon ins Grübeln kommen. Kein lateinamerikanischer Tanz ist ...?**

a. Jive
b. Lumumba
c. Paso doble

3. **Ohne Spielfeld gespielt wird ...?**

a. Scrabble
b. Domino
c. Dame

4. **Bei welchem Spiel fliegen keine Kugeln? Gemeint ist ...?**

a. Petanque
b. Bingo
c. Boule

5. **Einen Sulky braucht man beim ...?**

a. Eishockey
b. Polo
c. Trabrennen

6. **Kein Spielfeld mit schwarzen und weißen Quadraten gibt es bei ...?**

a. Dame
b. Mühle
c. Schach

7. **Eine einstige Männerdisziplin, die es seit 1896 bei den Olympischen Spielen gibt, heißt ...?**

a. Zehnkampf
b. Marathonlauf
c. Hammerwerfen

8. Wenn beim Biathlon liegend geschossen wird ...?

a. werden die Skier abgeschnallt
b. bleiben die Skier an den Füßen
c. werden die Skier an den Unterschenkel geklappt

9. Das Motto der Olympischen Spiele stammt von ...?

a. einem Arzt
b. einem Funktionär
c. einem Mönch

10. Eine Olympiade ist ...?

a. ein Sportwettkampf
b. der Zeitraum zwischen zwei Olympischen Spielen
c. eine weibliche Goldmedaillengewinnerin

11. Das Schachspiel wurde benannt nach ...?

a. dem persischen Wort für König
b. dem sumerischen Wort für Krieg
c. der ägyptischen Göttin des Geistes

12. Für eine Zwickmühle braucht man ...?

a. drei Mühlesteine
b. sieben Mühlesteine
c. fünf Mühlesteine

13. Die spanische Fußballnationalmannschaft hat das Problem, dass ...?

a. die Nationalhymne keinen Text zum Mitsingen hat
b. die Nationalhymne nur in Anwesenheit des Königs gespielt werden darf
c. es unterschiedliche Nationalhymnen in Spanien gibt

14. Ein kugeliges Sportgerät, das nur 2,5 Gramm wiegt, ist ...?

a. der Tischtennisball
b. der Zielball beim Boule
c. die Wettkampfkrampe

15. Was passiert nach jedem Torerfolg beim Polo ...?

a. beim Polo wird nicht auf Tore gespielt
b. die Seiten werden gewechselt
c. die Bälle werden erneuert

16. Noch nie Deutscher Fußballmeister war ...?

a. SK Rapid Wien
b. FC Sankt Pauli
c. Viktoria 89 Berlin

17. Das Mutterland des Fußballs, England, nahm erstmals an einer Weltmeisterschaft teil ...?

a. 1950
b. 1958
c. 1930

18. Am meisten Karten hat das Spiel ...?

a. Canasta
b. Tarot
c. Patience

Kunst, Literatur & Comic

(Lösungen ab Seite 206)

1. Welcher Künstler nagelte Fahrradsattel und -lenker als „Stierkopf" an die Leinwand? Der geniale Schöpfer sagte über sein Werk: „Ich möchte, dass die Leute sagen: ‚Schau, das war ein Fahrrad und jetzt ist es ein Stier.' Ich möchte aber auch, dass sie sagen: ‚Es kann wieder ein Fahrrad werden.'" Letzteres sei dahingestellt, doch dieser Mensch ist sehr häufig mit seinen unorthodoxen künstlerischen Ideen aufgefallen. Es war ... ?

a. Pablo Picasso
b. Joseph Beuys
c. Harald Naegeli

2. Nicht im Louvre hängt Leonardo da Vincis ...?

a. *Madonna mit Nelke*
b. *Johannes der Täufer*
c. *Mona Lisa*

3. Dem Namen nach dickköpfig ist der Hund ...?

a. in *Lucky Luke* Comics
b. in *Tim und Struppi*
c. in *Asterix und Obelix*

4. Besonders Feuilletonjournalisten wollen oft mit Fremdwörtern glänzen, doch Otto Normalverbraucher interessieren diese Ausdrücke meist nicht besonders. Mit Kunst auch gar nichts zu tun hat der Begriff ...?

a. Bruxismus
b. Illusionismus
c. Naturalismus

5. Peter Pan entführte seine geliebte Wendy ...?

a. ins Lummerland
b. ins Fummelland
c. ins Nimmerland

6. Herr Nilsson ist bei Pippi Langstrumpf ...?

a. der Affe
b. der Postbote
c. der Vater von Tommy und Annika

7. Welcher Roman beginnt mit „Jemand mußte Josef K. verleumdet haben" ...?

a. *Krieg und Frieden*
b. *Der Prozess*
c. *Die Buddenbrooks*

8. Dagobert Duck kennt fast jeder. Die Comic-Ente „schwimmt" am liebsten in ihren angehäuften Reichtümern. Der Schöpfer dieses Geizkragens, der im Original Scrooge McDuck heißt, ist ...?

a. der Regisseur Steven Spielberg
b. der Comiczeichner Carl Barks
c. der Schriftsteller Lewis Carroll

9. Wen brachte Rodin massiv in die Kunstszene ein ...?

a. den Kritiker
b. den Denker
c. den Reiter

10. *Die Amazonenschlacht* von Rubens findet statt ...?

a. auf einer Brücke
b. auf einer Anhöhe
c. in einer Küche

11. Im Märchen schmückt sich mit sieben Hausmännern ...?

a. Rosenrot
b. Schneewittchen
c. Aschenputtel

12. Der Hund Idefix gehört zu den Comicabenteuern von René Goscinny und Albert Uderzo wie Gutemine und Miraculix. Aber es lohnt sich, noch einmal genau nachzudenken, denn Idefix ...?

a. war schon immer bei den Abenteuern von Asterix und Obelix dabei
b. trat im Band *Tour de France* zum ersten Mal auf
c. tritt im Band *Asterix der Gallier* in Erscheinung

13. Don Quixote träumt liebevoll von ...?

a. Dulzinea
b. Rosinante
c. Sancho Pansa

14. Phileas Fogg will in achtzig Tagen ...?

a. eine Frau heiraten
b. einen Betrug aufklären
c. die Erde umrunden

15. Old Shatterhands Pferd hört auf den Namen ...?

a. Iltschi
b. Hatatila
c. Rih

16. Mit Kurzhaarschnitt gäbe es kein Happy-End bei ...?

a. *Schneewittchen*
b. *Hänsel und Gretel*
c. *Rapunzel*

17. Der Ferne Osten wartet immer wieder mit neuen Künsten und Geheimnissen auf. Die japanische Kunst des Blumensteckens heißt ...?

a. Ikebana
b. Murasaki
c. Origami

18. Wer macht außer Eva noch mit einem Apfel unglücklich, im Märchen ist es ...?

a. Frau Holle
b. Rapunzel
c. die böse Königin

19. Ein bekannter Schriftsteller erbaute als diplomier-ter Architekt ein Freibad in der Schweiz. Es war ...?

a. Friedrich Dürrenmatt
b. Heinrich von Kleist
c. Max Frisch

20. Im amerikanischen Original sind Donald Ducks Neffen ...?

a. Chico, Harpo und Groucho
b. Huey, Dewey and Louie
c. Barry, Maurice und Robin

21. Mr. und Mrs. Dursley aus dem Ligusterweg kennt man aus ...?

a. einem Werk von Joanne K. Rowling
b. einem Krimi von Edgar Allan Poe
c. *Othello* von William Jakespeare

22. Die Vornamen der Gebrüder Grimm sind ...?

a. Frank und Michael
b. Jakob und Wilhelm
c. Kaspar und Balthasar

23. Schillers Don Carlos fühlt sich hingezogen ...?

a. zu seiner Stiefmutter
b. zu der Landschaft der Sierra Nevada
c. zu Schokoladenplätzchen

24. Pippi Langstrumpfs zweiter Vorname ist ...?

a. Lotta
b. Viktualia
c. Annika

25. Die von dem Maler Franz Marc gegründete Künstlergruppe hieß ...?

a. Roter Hund
b. Blauer Reiter
c. Grüner Punkt

26. Unter den Gründern der Zaubererschule Hogwarts war die Hexe ...?

a. S. Slytherin
b. G. Gryffindor
c. H. Hufflepuff

27. Aus Goehtes *Faust* stammt die Verszeile ...?

a. „Erst geköpft, dann gehangen"
b. „Erst kommt das Fressen, dann kommt die Moral"
c. „Sie ist die Erste nicht"

Skurriles Alltagswissen II

(Lösungen ab Seite 209)

1. Wenn Portugiesen sich bedanken, sagen sie ...?

a. obrigado
b. otorrinolaringólogo
c. efcharisto

2. Die krause Glucke ist ...?

a. eine verwirrte Babyfrau
b. ein Pilz
c. ein Goldfasan

3. Diagnostiziert der Arzt Rubeola hat man ...?

a. Durchfall
b. Röteln
c. Ohrenschmerzen

4. Eine Milliarde Sekunden sind ...?

a. fast zwei Jahre
b. 32 Jahre
c. ein Menschenleben (80 Jahre)

5. Wörtlich übersetzt ist der siebte Monat ...?

a. der Dezember
b. der Juli
c. der September

6. Bereits in der Bibel steht ...?

a. „Man hat mich in den Dreck getreten."
b. „Hunde, wollt ihr ewig leben?"
c. „Er lebte, nahm ein Weib und starb."

7. Was liegt im Körper am höchsten ...?

a. Amboss
b. Solarplexus
c. Meniskus

8. Alf aus dem Fernsehen („Null Problemo!") ist auch heute noch zu finden ...?

a. als Buchstabe im deutschen Funkeralphabet
b. an der Mosel
c. als botanische Benennung für eine Astverzweigung

9. Götterspeise ist ...?

a. ein Wackelpudding
b. Rotwein und Oblaten
c. Orchideennektar

10. Wer „in Saus und Braus lebt", ...?

a. der ist ein Hektiker
b. der bekommt nichts zustande
c. führt ein üppiges Leben

11. Das A und O von etwas ist ...?

a. das Wesentliche, also der Kernpunkt
b. Aberglaube und Okkultismus, also Kokolores
c. Anfang und Offenbarung, also der Beginn allen Lebens

12. Feuerfeste Kaminkacheln werden gefertigt aus ...?

a. Schalotten
b. Schamotte
c. Schabracke

13. Die Kompassnadel richtet sich aus nach ...?

a. den Gezeiten
b. der Gravitationskraft
c. dem Magnetfeld der Erde

14. Die Kaaba ist ...?

a. das Zentralheiligtum des Islam
b. der Muckefuck in Marokko
c. eine angesehene ägyptische Zeitung

15. Keine Rosensorte ist ...

a. die Teerose
b. die Essigrose
c. die Kaffeerose

16. Sepia, Magenta und Umbra findet man ...?

a. auf der Malerpalette
b. als Ortschaften in der Toscana
c. im Zoo

17. Astronomisch gesehen ist die längste Jahreszeit in Deutschland immer ...?

a. der Sommer
b. der Herbst
c. der Winter

18. Eine Suffragette ist ...?

a. eine Frauenrechtlerin
b. das Kreuzungsergebnis von Apfelsine und Pampel-
muse
c. eine mohammedanische Asketin

19. In Blitzen herrscht eine Temperatur von ...?

a. 1250° C, wie in flüssiger Lava
b. 30000° C, das gilt als die höchste gemessene Temperatur
c. 6000° C, wie auf der Sonnenoberfläche

20. Ein Expander ist ...?

a. ein Muskelstrecker
b. ein Schultermuskel
c. ein ehemaliger Besitzer

21. Nichts Tierisches nimmt zu sich ...?

a. jemand, der Trennkost isst
b. ein Veganer
c. ein Gourmand

22. Bei einer Tide verändert sich ...?

a. der Zustand einer Wiese
b. der Wasserstand
c. die Anhäufung von Schnee

23. Etwas kommt Ihnen seltsam vor, also...?

a. flämisch
b. polnisch
c. spanisch

24. Sie haben ein Quadrat mit einer Seitenlänge von jeweils einem Zentimter. Die Diagonale von Ecke zu Ecke ist dann ...?

a. ein Zentimeter lang
b. ungefähr 1,5 Zentimeter lang
c. genau zwei Zentimeter lang

25. „Zipperlein" war ursprünglich die Bezeichnung für ...?

a. eine kleine Grippe
b. die Trippelschritte der Gichtkranken
c. das Zittern vieler Kranker

26. Ein normaler Kronenkorken hat...?

a. 21 Zacken
b. 18 Zacken
c. 24 Zacken

27. Im chinesischen Horoskop sucht man vergeblich nach ...?

a. einem Affen
b. einem Drachen
c. einer Ziege

28. Ursprünglich war die Ziffer 4711 ...?

a. eine Patentnummer
b. eine Hausnummer
c. eine Warennummer

29. Bei einem Mobile handelt es sich um ...?

a. ein kleines italienisches Auto
b. ein hängendes Gebilde, das vom Luftzug bewegt wird
c. ein Satzzeichen

30. Das Necessarium könnte uns im Kloster begegnen, dort erwartet uns ...?

a. die Bibliothek
b. der Beichtstuhl
c. die Toilette

Unglaubliche Geschichten III

(Lösungen ab Seite 213)

**1. Welches ist die schnellste Bewegung, die ein Lebe-
wesen ausführen kann ...?**

a) Die Wasserläufer, die in stehenden Gewässern leben
und andere Insekten jagen, erreichen mit einem
physikalischen Trick enorme Geschwindigkeiten.
Mit ihren Beinen versetzt diese Unterart der Wanzen
das Wasser unter sich in Schwingungen, die sie so
geschickt verstärken, dass sie quasi eine kleine
Bugwelle erzeugen, die sie mit bis zu 250 Stundenki-
lometer über die Teiche flitzen lässt. Ihr geringes
Körpergewicht trägt zusätzlich zu dieser Rekordge-
schwindigkeit bei, die mit Lichtschranken gemessen
wurde.

b) Die schnellste bei Lebewesen bekannte körperliche
Bewegung ist der Flügelschlag einer ganz normalen
Mücke. Ihre Flügel bewegen sich 57000-mal in der
Minute, also 950-mal in jeder Sekunde. Die Mü-
cken erzeugen so übrigens auch das wohlbekannte
hohe Sirren. Eine Gewissensfrage an alle Leser ist
es, ob bei der nächsten Begegnung mit einer Mücke
dieses Wunderwerk der Natur nicht erhalten werden sollte.

c) Diese Meisterschaft gewinnt das Chamäleon. Seine
Zunge erreicht durch die starke Spannung, die das
Tier vor dem Erlegen der Beute aufbaut, eine

Geschwindigkeit, die bis an die des Schalls heranreicht. Deshalb ist jeder Beutezug auch von dem typischen lauten Knallen begleitet. Wie das Tier diese enorme Geschwindigkeit erzeugt, ist noch nicht erforscht. Das Chamäleon versorgt sich so aber tagtäglich mit schmackhaften Nahrungshappen aus seiner näheren Umgebung.

2. Es wird gerne behauptet, aber können Schwäne tatsächlich singen ...?

a) Während der Balz veranstalten die stolzen Schwäne einen liebestollen Tanz, bei dem sie kurzzeitig ihre Hälse miteinander verflechten. Die Laute, die sowohl der männliche als auch der weibliche Schwan in dieser sehr erregten Phase von sich geben, rühren auch die menschlichen Ohren auf sonderbare Weise an. Manche fühlen sich an himmlische Hymnen erinnert. Den Tieren liegt aber nichts an den schönen Klängen oder betörenden Harmonien, sondern sie testen beim „Singen" die Fortpflanzungswilligkeit ihres Gegenübers.

b) Den Gesang gibt es nicht. Die eleganten und anmutigen Tiere krächzen und zischen eher, wenn sie sich belästigt oder angegriffen fühlen. Die Legende stammt aus der griechischen Mythologie, wo der Schwan Apollon, dem Gott der Dichtkunst und Musik, geweiht ist. Ihr Singen soll den griechischen Erzählern zufolge das glückliche Eintauchen der menschlichen Seelen in die Ewigkeit begleiten.

c) Schwäne singen beim Fliegen. Das Geräusch kann jeder wahrnehmen, der einen fliegenden Schwan über sich sieht und hört. Die Glücksgefühle, die die Tiere erfüllen, wenn sie sich vom Erdboden erheben, scheinen dazu zu führen, dass diese „Sänger der Lüfte" durchaus melodische Töne erzeugen. Ornithologen sind sich immer noch uneins darüber, welchen evolutionären Vorteil diese anmutigen Klänge mit sich bringen und wie die Tiere die Tonfolgen produzieren.

3. Woher hat der Leibhaftige den Namen Luzifer bekommen ...?

a) Nicht aus der Bibel. Der Widersacher Gottes wird dort nicht benannt, sein Erscheinen wird zwar in vielen Verweisen angedeutet, aber nähere Auskünfte erhält man in der Bibel nicht. Die Polarität zwischen dem Guten (Göttlichen) und dem Bösen war und ist genug der Erklärung. Im Volksmund haben sich hingegen viele Namen durchgesetzt, ein Blick ins Lexikon genügt: Teufel, Satan, Scheitan, Belzebub und andere Bezeichnungen sind dort zu lesen. Es scheint gerade so, als könne es für das Elend des Menschen, seinen Ärger, sein Scheitern oder seine Wut nicht genug Namen geben. Die Herkunft dieser ist allerdings nicht immer belegt, so bleibt sie auch im Fall von Luzifer ein Rätsel.

b) Die Bibel berichtet im Buch Jesaja vom Hochmut des Königs von Babylon: „Ach, du bist vom Himmel gefallen, du strahlender Sohn der Morgenröte. Zu Boden bist du geschmettert, du Bezwinger der Völker". Später wurde dieser mit dem Namen Luzifer bezeichnet, dem lateinischen Namen des Morgensterns. Luzifer wurde dann infolge wiederum mit dem gefallenen Engels gleichgesetzt. Seitdem hat das Schlechte seinen Namen.

c) Papst Innozenz III. (1179–1180) legte in seiner Bamberger Bulle unfehlbar fest, wie der Widersacher Gottes heißt und welche Taten ihm bis zu diesem Zeitpunkt zugeordnet werden. Damit beendete er den jahrelangen Streit zwischen mehreren

Kardinälen und Landesherren, die jeweils das Recht für sich beansprucht hatten, die Taten des Leibhaftigen zu benennen. Papst Innozenz schob diesem Wildwuchs innerhalb der katholischen Kirche mit seinem Edikt einen Riegel vor und sorgte dafür, dass das Böse fortan nur noch *einen* Namen hatte.

4. Warum werden Kühe, Ziegen und Schafe gemolken, Schweine aber nicht ...?

a) Das normale Hausschwein darf stolz sein auf seine acht bis zwölf Ferkel und verächtlich auf die Kühe, Ziegen und Schafe schauen, die gewöhnlich nicht mehr als zwei Junge werfen. Dafür braucht es aber auch seine gesamte Milch für den Wurf und kann uns im Gegensatz zu den anderen Tieren, die über mehr Milch als nötig verfügen, nichts abgeben. Seine Milch würden wir aber auch gar nicht haben wollen! Diese bittere, saure und extrem fette Flüssigkeit überlassen wir lieber den Ferkeln, die sie dringend zum Aufbau ihres Immunsystems brauchen.

b) Schweinemilch enthält ein Enzym, das beim Menschen den Wundverschluss verhindert. Bei häufigem Genuss von Schweinemilch würden wir langfristig alle zu Blutern. Dieser ungesunde Effekt war im alten Ägypten bereits bekannt. Nach alten Überlieferungen wurde Schweinemilch dort benutzt, um unerwünschte Individuen zu schwächen.

c) Es gibt keinen logischen Grund, warum wir keine Schweinemilch genießen sollten. Die Ursache dafür ist religiöser Natur. Im Islam gilt die Aufnahme von Schweinefleisch und -milch seit je als gesundheitsschädlich und ist also auch verboten. Warum die christlichen Glaubensrichtungen im frühen Mittelalter davon nur das Verbot, Schweinemilch zu genießen, übernahmen, ist nicht erforscht. Auf den Genuss des Fleisches konnte man wohl schwerer verzichten.

5. In welchem Land ist das Herausstrecken der Zunge eine wohlbekannte Geste ...?

a) In Tibet wäre es ausgesprochen unhöflich, einem gern gesehenen Gast nicht mit weit herausgestreckter Zunge zu begrüßen, besonders, wenn es sich um eine höher gestellte Persönlichkeit handelt. Demnach dürfte sich wohl kaum ein Mensch an so vielen begeistert gezeigten Zungen erfreut haben, wie das geistige Oberhaupt Tibets, der Dalai Lama – bevor er ins Exil ging und sofern seine Besucher mit der alten tibetanischen Etikette vertraut waren.

b) Die Krieger der Maori, der Ureinwohner Neuseelands, symbolisierten ihren Gegnern mit weit aufgerissenen Augen und herausgestreckten Zungen, dass sie keine Angst vor ihnen hatten – diese Gestik sollte das Gegenüber einschüchtern und im besten Fall verjagen. Oft begleitet wurde die „Grimasse" von lautem Gebrüll.

c) Bei den Bewohnern von Tahiti gab es einst ein strenges Ritual beim Betreten der Versammlungshütte des Dorfes: Der Einlass Begehrende musste zunächst im Türrahmen stehen bleiben und alle dort Versammelten anblicken. Hatten alle die Zunge weit herausgestreckt, lag nichts gegen ihn vor. Er durfte eintreten und für seine Sache sprechen. Blickte er auf geschlossene Münder, so musste er unverrichteter Dinge wieder gehen oder so lange im Türrahmen knien, bis alle Missverständnisse oder Streitigkeiten mit den „Verschlossenen" geklärt waren und alle Zungen sichtbar wurden.

6. **Kann man ein gekochtes Ei (ohne Schale) durch einen Flaschenhals bekommen, der enger als der Durchmesser des Eis ist ...?**

a) Ganz außergewöhnlich helle Köpfe haben einen Supertrick entwickelt: Das Ei und der Flaschenhals wird mit leicht erhitzter Vaseline eingeschmiert, und die Flasche wird auf eine vibrierende Unterlage gestellt. Über gleichförmig kreisende Bewegungen lässt sich das Ei Stück für Stück unversehrt in die Flasche schlängeln. Bedingung ist ein großes Durchhaltevermögen, denn man benötigt dafür länger als eineinhalb Stunden.

b) Jeder, der es versucht, wird es schnell merken: Es ist völlig unmöglich, ein gekochtes (abgepelltes) Ei durch einen kleineren Flaschenhals zu bugsieren. Die Luft, die in der Flasche ist, drückt gegen das Ei, und je mehr wir versuchen, das Ei hineinzuwürgen, desto vehementer scheint die Flaschenluft gegenzuhalten. Irgendwann zerbricht selbst das geduldigste Ei unter dem Druck, der von beiden Seiten ausgeübt wird. Der menschliche Forschungsdrang produziert eigenartige Blüten ...

c) Lassen Sie die Physik für sich arbeiten! Werfen Sie ein brennendes Streichholz in die Flasche, wodurch sich die Luft in der Flasche erhitzt, oder verwenden sie dafür einen Fön, der auf höchste Temperaturstufe geschaltet ist. Pressen Sie dann das Ei an die Öffnung und warten Sie, bis die Luft sich wieder abkühlt. Nach und nach baut sich ein Unterdruck auf, der das Ei völlig problemlos und ohne Beschädigungen durch den engen Flaschenhals ins Innere zieht.

7. Ist der Bestand aller Guthaben auf Girokonten durch Banknoten gedeckt ...?

a) Seit dem Bestehen der Bundesrepublik gilt die gesetzlich festgelegte „Bargeldparität". Die Gründerväter der Republik hatten clever festgelegt, dass es den Banken verboten sei, für Geldbeträge zu bürgen, die die bestehende Geldmenge in Banknoten übersteigt. Die Erfahrungen aus der Wirtschaftskrise der Weimarer Republik waren immer noch nicht vergessen. Dieser kleine Gesetzesparagraf des Bankengesetzes machte das Wirtschaftswunder und die weitere positive Entwicklung des Standorts Deutschland erst möglich.

b) Eine abstruse Vorstellung, dass Millionen Arbeiter und Angestellte auf ihr sauer erarbeitetes Bargeld verzichten, nur um in den Genuss eines Girokontos zu kommen. Die Bundesbank steht natürlich für jeden Betrag gerade, der auf einem offiziellen Kontoauszug vermerkt ist. Auch bei größeren Beträgen kann innerhalb weniger Stunden das Bargeld von der Zentralstelle in Frankfurt beschafft und ausgezahlt werden.

c) Wenn nur ein Drittel aller Girokontobesitzer ihre Bank bitten würden, ihnen ihr ganzes Guthaben auszuzahlen („Will nur mal schauen, ob noch alles da ist ..."), dann gäbe es ein Riesenproblem. Das Guthaben aller Konten zusammengenommen ist nämlich bei Weitem nicht durch vorhandene Banknoten gedeckt. Das Bankensystem lebt quasi vom Vertrauen aller, dass es irgendwo Tresore gibt, wo

147

genug Bargeld vorhanden ist. Dem ist aber nicht so. Es ist nur extrem unwahrscheinlich, dass alle Kontobesitzer plötzlich zu einem Zeitpunkt ihre Bestände in Bargeld ausgezahlt haben möchten. Das System funktioniert schon seit Jahrzehnten einwandfrei, und es wird auch weiter so funktionieren.

8. **War Kaiser Nero tatsächlich der ruchlose Diktator, der seine Hauptstadt Rom angezündet und vernichtet hat ...?**

a) Nero war ein cleverer Taktiker: In Rom wohnten zu seiner Zeit immer mehr Christen, die ihm aus vielerlei Gründen nicht in den Kram passten. Er wollte deren Vertreibung aber nicht selbst beginnen, da es politisch nicht allzu gut für ihn stand. Die Idee, den Christen eine Brandstiftung in die Schuhe zu schieben, erwies sich für den Kaiser und die herrschende Klasse als ein Volltreffer: Auf Jahre hinaus wurden die Christen verfolgt, der Makel hing ihnen noch lange an. Mehr als die Hälfte der Christen floh aus Rom.

b) Alles üble Verleumdung, denn der römische Kaiser war bei Ausbruch des Brandes über 50 Kilometer von Rom entfernt in Antium (heute Anzio). Nachdem er die Nachricht von der Feuersbrunst erhalten hatte, wollte er sofort zurück in die Hauptstadt, um die Brandbekämpfung zu leiten. Es nützte nicht viel, und auch sein neuer Palast brannte bis auf die Grundmauern ab.

c) Es sieht ganz danach aus. Ihm wird von vielen Menschen seiner Zeit vorgeworfen, aus Machtgier und Habsucht seine Vorstellungen durchgesetzt zu haben. Die hässlichen alten Häuser, die sich im Palastviertel ungehemmt ausbreiteten (Rom war damals eine Riesenstadt mit Zuwandererproblem), missfielen ihm schon länger. Besonders brisant wurde es in der Planungsphase seines neuen Palasts.

Eigentlich fehlte für den Prunkbau der Platz. Als Machthaber war es für ihn aber ein Leichtes, zwielichtige Personen zu finden, die an strategisch wichtigen Stellen Brände legten, um neuen Baugrund zu schaffen.

9. **Woher rührt die Herkunft der Bezeichnung „Puff"
für ein Bordell ...?**

a) Der sexuelle Kontakt gegen Geld ist immer schon ein
heikles Thema gewesen und gerne nennt man es nicht
bei seinem richtigen Namen. „Puff" bezeichnete
ursprünglich ein Würfelspiel und bot somit einen
willkommenen Ausweg, denn die Männer ließen ihre
Familie nun einfach wissen, sie seien „Puff" spielen.
Das Spiel gibt es übrigens noch immer. Es handelt sich
um Tricktrack oder Backgammon. Der lautmaleri-
sche Begriff „Puff" beschreibt das Geräusch, das
beim Aufsetzen des Würfelbechers entsteht.

b) Anfang des 20. Jahrhunderts kamen die ersten
Autos auf die Straße. So ein Fahrzeug erregte immer
Aufmerksamkeit, und viele Gespräche drehten sich
um die neue Attraktion. Es ist leider nicht genau
nachgewiesen, wer den Auspuff mit dem Gewerbe
der Huren in Verbindung brachte, aber die Form
eines Auspuffs (ein starres Rohr) und seine andau-
ernde Tätigkeit (Ausstoßen von heißer Luft) brachte
jemanden auf die Idee, einem ertappten Freier
nachzurufen, er hätte wohl gepufft. Daraus abgeleitet bürgerte sich die Bezeichnung „Puff" bald ein.

c) Der Begriff kommt aus Frankreich. Einwanderer
aus Haiti sprachen von den sexuellen Freuden
immer als „faire un petit puff". Wie das Wort den
Weg über den Rhein nach Deutschland fand, ist
nicht belegt, aber in Frankreich gehört die Wendung
inzwischen zum allgemeinen Wortschatz des Durch-
schnittsfranzosen, wenn vom „Liebemachen" die
Rede ist.

10. Warum tragen Köche so hohe Mützen, wo doch ein Kopftuch oder eine Kappe die Haare genauso gut verdecken würde ...?

a) Die Mütze wirkt wie eine tragbare Klimaanlage für den Kopf. Köche stehen ständig am Herd, besonders in größeren Restaurants sind sie dabei extrem heißer Luft und heißen Dämpfen ausgesetzt. Unter der Mütze bleibt die Temperatur aber angenehm kühl, sodass wenigstens das Kochhirn nicht überhitzt und mitgegart wird.

b) Die Kochmütze ist so etwas wie ein Rangabzeichen. Ihre Höhe zeigt die jeweilige Position des Kochs an, ähnlich wie die Anzahl der Sterne und Streifen auf einer Uniform. Deshalb wird man auch Mitarbeiter, die die sogenannten niederen Arbeiten wie Putzen, Spülen oder Zuschneiden verrichten, nur mit Haube oder Kappe sehen, während der Küchenchef eine hoch aufragende Kochmütze trägt.

c) Die Tradition der Kochmützen kommt aus Frankreich, wo sie im späten Mittelalter zunächst in Adelskreisen aufkam, die schon immer dazu neigten, ihre Bediensteten herauszuputzen. Damals gab es keine hygienischen Gründe, im Gegenteil: Die hohen Mützen wurden vom Personal begeistert dafür genutzt, um darunter Lebensmittel aus der Küche zu schmuggeln. Aufgrund dieses Vorteils erfreuten sie sich sehr bald großer Beliebtheit.

11. Wer beglückte die Menschheit mit der Erfindung des Papiers ...?

a) In Ägypten gab es schon Jahrhunderte vor Christus den Vorgänger des Papiers, die Papyrusrollen. Wann genau die ersten Rollen dieses aus Pflanzenfasern gepressten Urpapiers auftauchten, lässt sich nicht aufs Jahrhundert genau datieren. Fest steht, dass es schon Kleopatra zur Verfügung stand, die laut Überlieferung für ihre Korrespondenz Papier bevorzugte, in das moschusartig riechende Bestandteile eingearbeitet waren.

b) In Persien wurden um 300 v. Chr. die ersten bekannten Bücher gedruckt. Einzelne beschriebene Bögen, die mit Naturfarben koloriert waren, gab es schon zwei bis drei Jahrhunderte zuvor. Dieses Papier entstand aus der faserigen, geschabten Rinde des Mandelbaums, vermischt mit unterschiedlichen Pflanzenfasern. In besonders edle Bögen wurden die Fäden der Seidenraupe eingearbeitet, was diesem sehr dicken Papier einen seidigen Schimmer verlieh.

c) Der älteste Bericht über die Herstellung von Papier stammt von einem chinesischen Minister, der ungefähr 100 n. Chr. ausführlich erläuterte, wie Papier aus Hanf, Lumpen und Maulbeerbaumfasern hergestellt wurde. Er beklagte sich ausführlich über den langen Produktionsprozess. Erst im 13. Jahrhundert wurde Papier dann in Italien und erst im 14. Jahrhundert im heutigen Deutschland bei Nürnberg gefertigt.

12. Warum sind Menschen häufig nass geschwitzt, Hunde aber nie ...?

a) Der menschliche Körper ist generell nicht für Temperaturen über 22° C geschaffen. Einige Volksstämme der heißeren Regionen bilden eine Ausnahme, da sie mittlerweile genetisch den hohen Temperaturen angepasst sind. Generell ist das Schwitzen eine Stressreaktion auf anhaltende Überhitzung, bei der sich die Luftfeuchtigkeit der Umgebung auf der Haut niederschlägt.
Hunde sind temperaturflexibler als Menschen und werden durch ihr Fell vor dieser Reaktion geschützt. Vor Jahrtausenden war auch der homo sapiens rundum behaart und damit erheblich klimatoleranter. Durch den Verlust des Fells schwitzt er heute umso mehr.

b) Hunde schwitzen genau wie Menschen am ganzen Körper, wenn sie sich überanstrengen oder die Differenz zwischen Körper- und Außentemperatur größer als 8° C ist. Durch ihre Behaarung bekommen wir das aber nicht zu sehen. Die Hundehaut kann klitschnass sein, das Fell aber relativ trocken – mit der Zeit verdunstet der Schweiß dann. Bei uns Menschen kann (leider) jeder den Schweiß auf der Haut sofort sehen.

c) Der Mensch ist luxuriös mit Schweißdrüsen ausgestattet, die auf der gesamten Hautfläche verteilt sind. Deshalb kann er den nötigen Temperaturausgleich über den ganzen Körper schaffen – einfach indem er schwitzt. Der arme Hund hat am Körper kaum Schweißdrüsen und ist somit gezwungen, zu hecheln – auf diesem Weg, gibt er überschüssige Wärme aus dem Körper ab.

13. Wer kann seine Umwelt besser erschnuppern, eine Katze oder ein Hund ...?

a) Zwar haben Katzen einen wesentlich feineren Geruchssinn als jeder Mensch, aber die Hunde lassen sie hinsichtlich ihrer Riechfähigkeiten weit hinter sich. Bei den Hunden setzt sich das Weltbild hauptsächlich aus Gerüchen zusammen, denn die Tiere nehmen verschiedene Nuancen erheblich besser wahr als Katzen. Nicht ohne Grund werden Hunde für so schwierige Aufgaben wie Lawinenopfersuche und Drogenentdeckung eingesetzt – und nicht etwa Suchkatzen.

b) Auch wenn es durch ständiges Geschnüffel so wirkt, kann keine Hundenase es mit einer Katzennase aufnehmen. Hunde brauchen langes und intensives Schnüffeln, um sich ein Bild zu machen, davon kann jeder Hundebesitzer ein Lied singen, der bei Sauwetter mit dem Wauwi noch mal rausmuss. Der geliebte Vierbeiner schnüffelt ewig rum, bevor er endlich bereit ist. Eine Katze hält dagegen einmal die Nase kurz in die Luft und signalisiert sofort durch ihre Körpersprache, ob der Platz nun genehm ist oder nicht.

c) Sowohl Katzen als auch Hunde sind mit sehr guten Riechorganen ausgestattet, die aber selten eingesetzt werden. Hauptsächlich orientieren sich beide über das Gehör: Deshalb eignen sich Hundepfeifen, deren Frequenzbereich für uns nicht mehr wahrnehmbar ist, so gut, um die Tiere zu dressieren und zur Ordnung zu rufen. Katzenpfeifen würden ebenso gut funktionieren, aber finden Sie mal eine Katze, die mit Ihnen „bei Pfote" gehen würde.

14. Welche Tiere fressen Steine und warum tun sie das ...?

a) Krokodile schlingen besonders während längerer Fastenzeiten regelmäßig Steine herunter, die oft faustgroß sind. Normalerweise reißen die Echsen ihre Beutetiere unregelmäßig in oft großen zeitlichen Abständen, dann aber verschlingen sie nach einem Fang große Mengen, die bis an ihr eigenes Körpervolumen herankommen. Damit der Magen sich nach der tagelangen Verdauung einer solchen Riesenmahlzeit nicht wieder zusammenzieht und aufnahmebereit für weitere größere Beutestücke bleibt, wird er nach und nach zu etwa einem Drittel mit Steinen gefüllt.

b) Viele Vögel, unter anderem Enten, Möwen und Straußarten, picken zusätzlich zu schwer verdaulichen Nahrungsstücken kleinere Kiesel mit auf. Das hilft beim Verdauen, da es die Darmtätigkeit anregt. Die Steinchen werden dann auf natürlichem Weg wieder ausgeschieden. Besonders an der Küste spürt man dies, wenn während des Strandspaziergangs kleine Kieselsteine aufs Haupt regnen.

c) Erstaunlicherweise ist der größte Steinevertilger ein Winzling. Die sogenannte Steinlaus ist mit maximal 1,5 Zentimetern zwar viel größer als die besser bekannten Blattläuse, gegenüber dem Felsen, den sie mürbe zu machen gedenkt, ist sie aber winzig. Sie sondert ein extrem säurehaltiges Sekret über ihr Hinterteil aus, verteilt es großzügig über eine Felsenfläche. Dann markiert sie die Stelle mit einem Duftstoff und kehrt nach zwei bis drei Tagen

zurück, um die nun durch die Säure porös geworde-
ne Steinoberfläche abzuweiden beziehungsweise die
Mineralien herauszuschlecken, von denen sie sich
ernährt.

15. Kann man mit einem lauten Schrei ein Glas zum Zerspringen bringen ...?

a) Auch wenn man dem großen Caruso diese Fähigkeit hartnäckig nachsagt, ohne Verstärker ist es unmöglich. Bei Versuchen von Physikern stellte sich heraus, dass die menschliche Stimme selbst beim Schreien nur ein Zehntel der Phonstärke hervorbringt, die nötig wäre. Ein Versuchsaufbau ergab, dass bei einer Phonstärke ab 200 die Gläser splittern, allerdings wurde eine nicht realistische Temperatur von 60° C bei den Tonübungen vorausgesetzt.

b) Natürlich kommt es vor allem auf die Glasqualität an. Ein billiges Senfglas ist wesentlich schneller über die Lautstärke zum Zerspringen zu bringen als ein teures Kristallglas. Hinzu kommt: Je länger der schrille Ton gehalten wird, desto eher gerät das Glas in Vibrationen. Seinerzeit versuchte es Caruso mit einem Billigglas und setzte es 80 Sekunden einem hohen C aus seiner Kehle aus – und scheiterte: Nicht der kleinste Sprung war zu sehen. Alle anderen Versuche, selbst die von Maria Callas, sind ähnlich erfolglos verlaufen.

c) Alle Versuche bekannter Operngrößen sind bis jetzt kläglich gescheitert. Aber Hartnäckigkeit siegt bekanntlich, und so schaffte es der Rocksänger Jaime Vendera. Seine Stimme umfasst angeblich sechs Oktaven und beim zwanzigsten Versuch machte es dann 2005 endlich klirr. Caruso wäre empört gewesen: Ein Rocksänger!

16. Stimmt es, dass es unmöglich ist, an den Fußsohlen oder den Handinnenflächen einen Sonnenbrand zu bekommen ...?

a) Man muss sich zwar wirklich anstrengen, um an diesen Stellen einen Sonnenbrand zu bekommen, aber möglich ist es. Eine Erfahrung, die manche Urlauber machen mussten, die sich wohlig in der Mittagssonne auf den Bauch legten und einschliefen. Das darauffolgende Gehumpel mit verbrannten Fußsohlen im heißen Sand amüsiert wirklich nur die Umliegenden. Handinnenflächen und Fußsohlen haben durch die vorhandene Hornhaut einen natürlichen Sonnenschutzfaktor von drei bis vier, zudem geraten diese Zonen sehr selten in längeren Kontakt mit der Sonnenstrahlung. Gelingt uns dennoch ein Sonnenbrand, ist er ziemlich unangenehm.

b) Durch die schützende Kombination von Hornhaut, besserer Durchblutung und hoher Schweißdrüsendichte ist es so gut wie unmöglich, an diesen Stellen zu verbrennen, es sei denn wir probieren es mit kochendem Wasser oder offenem Feuer. Unsere Fußsohlen sind sogar so unempfindlich, dass wir damit über glühende Kohlen gehen können, ohne uns dabei zu verletzen.

c) Offenbar war die Evolution der Meinung, unsere Haupttastflächen sollten zwar sensibel, aber hitzeunempfindlich sein. An keiner anderen Körperstelle sind wir für Hitze so wenig und für Kälte so sehr empfindlich wie dort. Deshalb haben wir im Winter

160

so schnell kalte Füße und Hände und können im Sommer so gut für Kühlung sorgen, wenn wir diese Flächen in kaltes Wasser tauchen. Die eigentliche Unempfindlichkeit für Sonne lässt sich auf die fehlenden Pigmente zurückführen. Selbst bei Schwarzen sind die Handinnenflächen immer hell.

17. Was ist das Qi und was bewirkt es ...?

a) Das Qi ist in den Gesundheitslehren des indischen Ayurveda so etwas wie eine Urkraft, aus der unter anderem die uns bekannte Schöpfung entstand und die auf alle Lebewesen verteilt wurde. Bei vielen ayurvedischen Therapien wird versucht, das Qi im Körper weiter zu verdichten, da es Gesundheit und Vitalität erzeugt. Sein Gegenspieler, das Qo, das für Schwere und Stagnation steht, wird so weit wie möglich aus dem Körper ausgeleitet.

b) Das Qi ist die dem Yogi heilige Kraft, die er mit seinen Konzentrationsübungen zu erzeugen versucht. Besonders das anspruchsvolle Kundaliniyoga beschäftigt sich mit dieser Kraft, die ihren Sitz im Rückenmark hat und von dort aus unser spirituelles Energieniveau bestimmt. Zu wenig Bewegung oder die falsche Ernährungsweise können dieses Energiekraftwerk blockieren. Regelmäßige intensive Atemübungen bringen die Maschine nachhaltig in Schwung und verhelfen wieder zu der gewohnten Leistung.

c) Laut alter chinesischer Philosophie und Medizin ist das Qi (oder Chi) die Kraft, die allem Leben innewohnt und es antreibt. Vielleicht vergleichbar mit der eher westlichen Idee des Lebensodems (Atem des Lebens). Dabei ist nicht Energie im physikalischen, sondern feinstofflichen Sinn gemeint. Aus chinesischer Sicht wird der Mensch mit einer vorbestimmten Menge an Qi geboren. Ist diese verbraucht, endet auch das individuelle Leben.

18. Bekommen Menschen im Alter wirklich größere Ohren ...?

a) Dieser Eindruck entsteht in vielen Fällen durch die immer dünner werdende, bei Männern oft gar nicht mehr vorhandene Haarpracht. Fehlt es plötzlich an Haupthaar, treten alle anderen Merkmale des Kopfes stärker ins Blickfeld. So erscheinen uns also auch die Ohren plötzlich größer, obwohl sie in Wirklichkeit gar nicht wachsen können.

b) Als Fläche gesehen vergrößert sich das menschliche Ohr tatsächlich in vielen Fällen. Das äußere Ohr ist im Wesentlichen ein großer Knorpel, der mit Fettgewebe und Haut überzogen ist. Im Alter erschlafft die Haut und sinkt mit dem Fettgewebe nach unten. So vergrößert sich die Fläche des Ohrläppchens. Der Knorpel vergrößert sich allerdings nicht, aber das können wir ja nicht sehen.

c) Die Form eines Ohrs kann nur durch Schönheitschirurgie oder einen anderen gewaltsamen Eingriff von außen verändert werden. Dazu gehört allerdings auch das ständige Tragen von sehr schweren Ohrenringen, die auf lange Sicht das Ohrläppchen ausleiern. Diese kleine Verformung bildet sich allerdings bei mehrmonatiger Ohrringabstinenz schnell wieder zurück und ist somit kein Fall für korrigierende Eingriffe der Chirurgie.

19. Was hilft besser gegen einen fröstelnden Körper, ein steifer Grog oder eine heiße, scharfe Nudelsuppe ...?

a) Das ist reine Geschmackssache. Der Effekt, abgesehen von einem leichten Schwips oder dem sättigendem Gefühl nach Verzehr der Suppe, ist aber der Gleiche. Beides sollten Sie so heiß wie möglich zu sich nehmen, dann hält die wärmende Wirkung zwischen zehn und 20 Minuten an. Also vielleicht erst die Suppe und nach einer halben Stunde noch den Grog hinterher?

b) Beides wird Sie im ersten Moment mit dem Gefühl wohliger Wärme erfüllen. Bei der Suppe wird dieser Effekt jedoch länger anhalten, je nachdem, wie sie gewürzt ist. Scharfe Gewürze, wie roher Ingwer, schwarzer Pfeffer oder Chili, heizen den Körper von Innen und können im Extremfall sogar einen Schweißausbruch auslösen (besonders der Chili). Beim Grog wird sich das wärmende Gefühl innerhalb kurzer Zeit ins Gegenteil verkehren. Der enthaltene Alkohol weitet die Blutgefäße an der Körperoberfläche. Immer mehr Blut strömt dorthin und wird stark abgekühlt. Somit sinkt auch die Körpertemperatur. Extremer Alkoholgenuss kann sogar zu Erfrierungen führen.

c) Der Grog und die Suppe wärmen beide exzellent. Allerdings wird eine Suppe schnell wieder verdaut und damit auch die einheizenden Gewürze. Der Alkohol des Grogs bleibt aber noch stundenlang im Blut und sorgt auch im Nachhinein noch lange für einen warmen Körper.

20. Fressen Seevögel Muscheln und wenn ja, wie öffnen sie ihre Beute ...?

a) Seevögel bevorzugen generell Fisch, aber Muschel-eiweiß ist auch ganz schmackhaft. Leider ist es ja sooo beschwerlich, daran zu kommen. Aber wenn Muscheln bereits offen sind und sich kein Fisch als Alternative in Schnabelnähe blicken lässt, dann picken Möwe und Kormoran schon mal eine Mu-schelschale leer.

b) Muscheln sind für viele Seevögel und geflügelte Küstenbewohner ein besonderer Leckerbissen. Die Öffnungsmethoden sind angesichts der hartnäcki-gen Schale ziemlich spektakulär. Möwen verlassen sich auf Schwung und Schwerkraft, fliegen mit der Muschel hoch in die Luft und lassen sie auf mög-lichst steinigen Untergrund fallen. Dann stürzen sie sich sofort hinterher und verteidigen das jetzt zu-gängliche Leckerli gegen den Rest der Welt. Die in Küstengewässern lebende Eiderente ist das zu viel Aufwand und Hektik. Sie schluckt die Muschel gleich als Ganzes frei nach dem Motto „Was man einmal verschluckt hat, kann einem niemand mehr nehmen". Später zerdrückt sie die Schale in aller Seelenruhe mit ihren kräftigen, muskulösen Magen-wänden, verdaut das Muschelfleisch und scheidet den zerkleinerten Schalenschrott wieder aus.

c) Seevögel fressen nur, was sich im Meer bewegt. Muscheln interessieren sie genauso viel wie ein Stein – nämlich gar nicht. Vielleicht wird hin und wieder eine offene Muschel angeschwemmt und dann auch verspeist, weil sie so schön fischig riecht. Aber generell braucht es für den Jagdtrieb der Vögel ein Tier in Bewegung – damit scheiden Muscheln aus.

21. Woher kommt die Kartoffel und wie kam sie zu ihrem Namen ...?

a) Die Kartoffel ist tatsächlich etwas Ur-ur-deutsches, was die Italiener seit Jahrhunderten dazu bringt die einfallslose deutsche Küche als „Kartoffelküche" zu bezeichnen. Der Name der Knolle kommt aus dem Französischen und wurde von der Tarte ouflée, einem bäuerlichen Kartoffelkuchen, abgeleitet, der dem deutschen Kartoffelpuffer sehr ähnelt.

b) Vor dem 18. Jahrhundert gab es in Deutschland überhaupt keine Kartoffeln, wohl aber in Russland, Schottland und Irland. Dort wusste man seit dem 16. Jahrhundert ihre Anpassungsfähigkeit an fast jedes Klima zu schätzen. Ein Emigrant namens Pawel Karow brachte die Kartoffel Mitte des 18. Jahrhunderts zu uns. Anfangs hatte die ungewöhnliche Knolle es schwer in der deutschen Küche, die mit Möhren und Rüben wesentlich mehr anfangen konnte. Als sie dann doch Anfang des 19. Jahrhunderts ihren Siegeszug begann, wurde aus der Karow-Pflanze zunächst die Karoff und dann die uns bekannte Kartoffel.

c) Ursprünglich kommt die Kartoffel aus Südamerika, wo sie schon seit 2000 Jahren angebaut wird. Die Spanier brachten sie dann Anfang des 16. Jahrhunderts nach Europa. In Italien verbreitete sie sich sehr schnell. Erst im 17. Jahrhundert wagten sich die Deutschen zaghaft an die ihnen uninteressant erscheinende Knolle. Aus dem italienischen „Tartufulo" machten die Deutschen „Tartoffel" und schließ-

lich „Kartoffel". Einen gastronomischen Hit landeten die Belgier, indem sie die frittierten Kartoffeln,
die „Pommes frites", erfanden, die dann einen
weltweiten Siegeszug antraten.

Lösungen

Das etwas andere Allgemeinwissen I (Seite 9–17)

1. b   Für die Heiligsprechung bedarf es einer vorge-
       schriebenen Prozedur der katholischen Kirche.
       Eine solche hat hinsichtlich der „heiligen" drei
       Könige aber nie stattgefunden. Auch Könige
       waren die Herren wohl nicht. Die Bibel spricht
       von „Weisen", „Sterndeutern" oder „Magiern".
       Dass sie zu dritt gewesen sein sollen, nimmt man
       aufgrund der drei Gaben an, auf älteren Gemäl-
       den werden allerdings zwischen zwei und acht
       Könige dargestellt. Übrigens werden auch die
       Namen in der Bibel nicht erwähnt.

2. a

3. c   Kokain wird auch als Schnee bezeichnet.

4. a   Das Carillon oder das Turmglockenspiel kann
       als eines der größten und schwersten Musikinst-
       rumente Europas bezeichnet werden. Die Glo-
       cken sind an Rahmen befestigt, und sie werden
       durch verschiedene Mechanismen angeschlagen.

5. b   Ein solcher Winkel würde 45 Grad betragen.
       100 Prozent bedeutet, dass auf 100 Metern in
       der Waagerechten ein Weg um 100 Höhenmeter
       ansteigt. Sie können es selber ausprobieren:

Zeichnen Sie ein Quadrat, bei dem jede Seite 100 mm lang ist. Die Diagonale von links unten nach rechts oben hat einen Winkel von 45 Grad und sie steigt auf einer Länge von 100 mm in der Waagrechten (waagrechte Seite des Quadrats) um 100 mm (senkrechte Seite) an.

6. b   Harry S. Truman war der 33. Präsident der Vereinigten Staaten (1945 – 1953). Die Porträts am Mount Rushmore wurden schon 1941 fertig.

7. b   Die Tennisspielerin Cilly Aussem gewann 1931 als erste Deutsche im Dameneinzel in Wimbeldon. Nelli von Sachs und Hilde Nevermann sind erfunden. Nelly Sachs hingegen hat 1966 den Literaturnobelpreis gewonnen.

8. c   Die dazu berechtigten Kardinäle wählen den Papst in einem Konklave. Das Wort ist lateinischen Ursprungs (cum clave = mit dem Schlüssel), und es bezeichnet sowohl den geschlossenen Raum, in dem die Wahl stattfindet, als auch die Zusammenkunft der Kardinäle selbst.

9. c

10. c   Das Taj Mahal ist ein Mausoleum, es wurde für die Lieblingsfrau des Großmoguls Shah Jahan nach ihrem Tod 1631 erbaut.

11. c   Prionen sind hingegen Proteine, eine Kaution ist eine Sicherheitsleistung.

170

12. b

13. a 1077 zog Heinrich IV. mit seinem Gefolge von Speyer nach Canossa zu Papst Gregor VII., um die Lösung vom päpstlichen Bannspruch zu erbitten. Heute wird der „Gang nach Canossa" im übertragenen Sinn als Bezeichnung für einen erniedrigenden Bittgang verwendet.

14. c Die abgelagerten Sedimente mindern die Fließgeschwindigkeit des Flusses und führen dazu, dass der Flusslauf aufgespalten wird – so entsteht ein Flussdelta.

15. b Jom Kippur ist der höchste Feiertag der Juden. Dieser Tag ist der Höhepunkt der zehn Bußtage, die mit Rosch Haschana, dem Neujahrsfest, beginnen. Schawuot ist ein weiteres jüdisches Fest, Kiddusch hingegen kann mit „Segensspruch" oder „Heiligung" übersetzt werden.

16. b Kolumbus stach im August 1492 mit seinem Flaggschiff, der Santa Maria, sowie den beiden Karavellen Niña und Pinta von Huelva aus in See.

17. b Der Gefangenenchor aus der Oper Giuseppe Verdis ist wohl der bekannteste, obwohl es in der einen oder anderen Jugendvollzugsanstalt ebenfalls einen solchen geben mag. Das Gefängnis auf Alcatraz wurde 1963 geschlossen.

18. c Das blaue Band ist eine Ehrung, die das schnellste Schiff auf der Transatlantikroute Europa-
New York auszeichnet.

19. c Nahe der Wiener Hofburg befindet sich der von
1150 bis 1300 erbaute Stephansdom. Er wurde
nach dem heiligen Stephanus benannt, der als
erster christlicher Märtyrer gilt.

20. c In Deutschland, Frankreich und im „klassi-
schen" britischen Englisch ist eine Billion eine
Million Millionen (10^{12}). In den USA ist eine
Billion eine Milliarde (10^9).

21. a Die Aleuten sind eine Inselkette aus circa 150
kleinen Inseln (südwestlich von Alaska).

22. b Sitting Bull lebte im 19. Jahrhundert, er war
Stammeshäuptling und Medizinmann der Hunk-
papa-Lakota-Sioux und ein großer Führer der
letzten Freiheitsbewegung seines Stammes.

23. a Jean-Paul Sartre lehnte 1964 den Nobelpreis für
Literatur ab, da er weder von einer kulturellen
Organisation des Westens noch des Ostens eine
Auszeichnung anzunehmen bereit war. Er
sprach sich für eine friedliche Koexistenz beider
Kulturen aus.

24. a Stalagmiten wachsen vom Boden nach oben,
Stalaktiten sind von der Decke nach unten
wachsende Tropfsteine.

25. b

26. b

27. a Die Freiheitsstatue trägt circa 8 Meter lange Sandalen – bei einer Gesamtgröße von 33,86 Metern.

28. b Die kleine Felseninsel Robben Island, knapp zehn Kilometer vor Kapstadt in Südafrika gelegen, wurde bis 1996 vorwiegend als Gefängnisinsel genutzt. Nelson Mandela war von seinen insgesamt 28 Gefängnisjahren 18 Jahre auf Robben Island inhaftiert.

29. c Das Palais Schaumburg (nicht Villa) war bis 1976 der Sitz des Bundeskanzleramts. Die Villa Hügel liegt am Baldeneysee nahe Essen und ist ohne politische Aufgabe.

30. b Baba Jaga ist eine bekannte Figur aus der slawischen Mythologie. In Osteuropa ist die Märchengestalt sehr populär.

31. b Anagramme sind Wörter, die durch die Umstellung der Buchstaben eines anderen Wortes gebildet werden. REGEN, GENRE und GREEN sind beispielsweise Anagramme.

32. b Der korrekte Rechenweg: Zunächst zwei hoch zwei, das Ergebnis ist vier. Vier erneut mit zwei

potenziert (das heißt, vier mal vier) ergibt dann die richtige Lösung – nämlich 16.

33. c Ein Placebo ist hingegen ein Scheinmedikament ohne Wirkstoffe. Bei der Bibel handelt sich um verschiedene redaktionelle Zusammenstellungen von „Büchern" (griechisch = biblia).

34. c Die Langerhansschen Inseln sind Drüsenzellen in der Bauchspeicheldrüse. Sie sind für die Insulinproduktion zuständig.

35. b

Stadt, Land, Fluss (Seite 18–26)

1. a   Ein Blick in den Atlas zeigt: Alle drei Länder sind weit vom Meer entfernt im inneren Teil des jeweiligen Kontinents gelegen. Sie sind Binnenländer.

2. c   Fjorde gibt es zum Beispiel auch in Neuseeland.

3. b   Die Ukraine, die zwischen Polen und Russland liegt, hat nur einen Meereszugang – und zwar grenzt sie an das Schwarze Meer.

4. b   Allerdings besitzen auch Kapstadt, wo das Parlament und halbjährig auch die Regierung ihren Sitz haben, sowie Bloemfontein mit dem Sitz des obersten Berufungsgerichts Hauptstadtfunktion.

5. c   Die 128 Pazifikinseln nannten sich früher Sandwichinseln. Heute sind sie ein Bundesstaat der USA.

6. c   Nach „Ilha formosa", portugiesisch für „schöne Insel".

7. b   Port Elizabeth liegt im südlichen Südafrika etwa auf der Höhe von Kapstadt. Vor Kapstadt und nordwestlich von Kap Agulhas liegt das Kap der Guten Hoffnung.

8. a Hispaniola ist die zweitgrößte der Westindischen Inseln im Karibischen Meer, die südöstlich von Kuba und westlich von Puerto Rico liegt. Politisch ist Hispaniola in zwei selbstständige Länder unterteilt. Haiti nimmt das westliche Drittel der Insel ein und die Dominikanische Republik die anderen zwei Drittel.

9. a

10. a

11. b Der Mount Kosciusko ist 2228 Meter hoch.

12. b 1707 wurde aus beiden Ländern das Königreich Großbritannien.

13. b

14. a Die Stadt heißt Ierapetra und liegt auf Kreta.

15. b Die Stadt hieß zunächst San Francisco de Asís (nach Franz von Assisi). Der Zusatz wurde mit der Zeit aber immer häufiger weggelassen.

16. c Sizilien liegt etwa 1000 Kilometer entfernt, der Nordpol ungefähr 4500 Kilometer und der Erdmittelpunkt etwa 6500 Kilometer.

17. c Nauru ist ein Inselstaat im Pazifischen Ozean. Monaco und die Vatikanstadt sind zwar eben-

falls ziemlich klein, aber diese Länder sind keine Republiken.

18. b Jütland nennt man das Festland Dänemarks, eine Halbinsel. Die größte Insel aber ist Seeland.

19. a Die Costa Smeralda liegt auf Sardinien und gehört somit zu Italien. Die Costa de la Luz ist ein Teil der andalusischen Atlantikküste in Südspanien, die Costa Blanca befindet sich an der südostspanischen Mittelmeerküste.

20. c Der Teide auf der Kanareninsel Teneriffa ist 3715 Meter hoch.

21. a

22. b Jakarta hieß früher Batavia und wird vom Fluss Ciliwung durchquert. Babylon kommt in der Bibel vor und liegt im Irak.

23. b

24. b

25. a Beide Flaggen haben einen oberen roten und einen unteren weißen Querstreifen.

26. a

27. c

28. a Grönland liegt dem Nordpol am nächsten (690 Kilometer entfernt), es gehört zu Dänemark. Kanada ist 750 Kilometer weit weg und Russland 1000 Kilometer entfernt.

29. c Die Länder nach ihrer Größe geordnet: Russland (17075200 Quadratkilometer), Kanada (9984670 Quadratkilometer) und China (9607300 Quadratkilometer).

30. c Norwegen und Russland grenzen über eine Strecke von mehr als 150 Kilometer aneinander, ganz im Norden des europäischen Kontinents.

31. c Berlin-Schönefeld ist SXF, Singapur ist SIN und San Francisco SFO.

32. a Die Tschechische Republik (Tschechien) grenzt an Deutschland, Polen, die Slowakei und Österreich.

33. a Oder und Ob sind europäische Flüsse.

34. a Israel wurde 1948 als unabhängiger Staat proklamiert. Thailand hieß bis 1949 Königreich Siam.

35. b Bremen (HB), Greifswald (HGW), Hamburg (HH), Lübeck (HL), Rostock (HRO), Stralsund (HST) und Wismar (HWI).

Kuriositäten aus der Tierwelt (Seite 27–36)

1. c Lemminge sind für ihre Wanderungen bekannt, bei der sie oft auch vor der Meeresküste nicht haltmachen – allerdings können die kleinen Nagetiere recht gut schwimmen. Der angebliche Massenselbstmord, den die Tiere beim Sprung von den Klippen begehen, ist daher vielmehr eine Legende.

2. c Natürlich gibt es Seepferdchen, und Schwämme sind sehr einfache, gewebelose Tiere, die im Wasser leben. Katzenaugen hingegen sind Edelsteine oder Fahrradrückstrahler.

3. b Der Knurrhahn ist ein Fisch, das Flügelhorn ein Musikinstrument.

4. a Der Passgang ist eine Gangart der Vierfüßer – zum Beispiel des Kamels, der Giraffe oder seltener des Pferdes. Dabei wird sowohl das rechte als auch das linke Beinpaar jeweils gleichzeitig gesetzt; das führt zu einer schaukelnden Bewegung.

5. b In der Jägersprache heißt der Eckzahn des Keilers Hauer.

6. a Diese drei Vogelarten sind flugunfähig. Auch der Kakapo – ein Papagei, der in Neuseeland beheimatet ist – kann nicht fliegen und nutzt seine Flügel lediglich, um fallschirmartig von den Baumkronen hinunterzusegeln. Allerdings ist er ein guter Läufer und Kletterer.

7. b Die Bezeichnung Lungenfisch leitet sich von dem Hauptatmungsorgan des Fisches her, mit dem er Luft atmen kann. Die Jungtiere besitzen noch echte äußere Kiemen, diese degenerieren jedoch mit zunehmendem Alter.

8. b

9. a In der Jägersprache ist die Blume der Schwanz des Hasen.

10. a Der Maulwurf benutzt seinem Namen zum Trotz die Vorderbeine, um die Gänge freizuschaufeln.

11. b Nagetiere sind durch zwei Paar breite, scharfkantige, meißelartige Schneidezähne gekennzeichnet, die zum Nagen an Pflanzen dienen. Kaninchen gehören nicht zu dieser Gattung.

12. b Diese Fledermaus ist nur drei Zentimeter lang und zwei Gramm schwer.

13. c

14. b Thailand hieß früher Siam.

15. b Es wurde ein recht großes Ei gefunden, dass einer Walhai-Dame zugeordnet wird. Dieses maß 30 mal 14 mal 9 Zentimeter. Mittlerweile nimmt man aber an, dass die jungen Haie schon in der Gebärmutter schlüpfen. Das gefundene Ei

war wohl frühzeitig verloren gegangen. Albatrosse legen Eier in der Größe von Coladosen, Straußeneier sind bis zu 15,5 Zentimeter lang.

16. c Es handelt sich um das Seitpferd, ein Sportgerät. Pauschen sind die Griffe, an denen sich der Turner festhält.

17. c Flöhe sind flügellose Insekten.

18. c Wale sind Säugetiere und atmen mit der Lunge. Fische atmen mit Kiemen.

19. b

20. a

21. c Dreizehenfaultiere haben neun Halswirbel. Ihre Halswirbelsäule ist daher sehr beweglich und gestattet eine Kopfdrehung um 180 Grad wie bei den Eulen.

22. b Im Matthäus-Evangelium (Matthäus 10, 16) ist zu lesen: „... seid klug wie die Schlangen und ohne Falsch wie die Tauben ..."

23. b Seemäuse leben normalerweise vergraben im Watt der Nordsee und anderen flachen sandigen Meeren.

24. b Das Horn eines Nashorns besteht aus Keratin, einem Faserprotein, aus dem auch Haare aufge-

baut sind. Anders als bei anderen Hornträgern ist das Horn des Nashorns kein Knochenzapfen.

25. c

26. b Die Steinlaus ist im Klinischen Wörterbuch *Ps-Pschyrembel* als normaler Artikel zu finden, obwohl sie eine Erfindung des Humoristen Loriot ist. Die Redakteure haben sie seit Jahren in dem Lexikon belassen und berichten sogar von neuesten Forschungsergebnissen. Ottifant und Tabaluga warten noch auf eine derartige Ehrung.

27. a

28. a

29. a Der Zeichner Charles M. Schulz gesellte dem Hund Snoopy einen kleinen gelben Vogel namens Woodstock zu.

30. a

31. c Regenwürmer fürchten, bei Überschwemmung in ihren Gängen zu ertrinken, wenn sie sich nicht an die Oberfläche retten.

32. c Ein Schuhschnabel ist ein 1,2 Meter großer afrikanischer Sumpfvogel, das Landkärtchen ist eine Schmetterlingsart.

33. b

34. c Das Ross-Schelfeis ist eine mehrere hundert Meter hohe Eisplatte, die das Roosmeer teilweise bedeckt. Dieses liegt in der Antarktis am Südpol. Eisbären leben dort nicht, sondern am Nordpol (Arktis).

35. b Das Schnabeltier ist ein Säugetier aus Australien. Wollschweber sind Fliegen, Fransenflügler Insekten.

36. b

37. b

38. b

Unglaubliche Geschichten I (Seiten 37–63)

1. b „Tohuwabohu" stammt aus dem Hebräischen.

2. c Die Bergleute haben diesen Begriff geprägt.

3. a Die Gabel galt als gottlos.

4. c Beton war bereits den Römern bekannt.

5. b Die Redewendung ist eine literarische Erfindung.

6. b Für viele gehört auf eine Laugenbrezel einfach Salz.

7. b Tatsächlich handelt es sich dabei um die „Hexe von Agnesi", eine mathematische Formel.

8. b Strauße sind gar nicht dazu fähig, ihren Kopf tatsächlich in den Sand zu stecken.

9. c Vor dem Bundestag wird vor der Bildung von Dampfwolken gewarnt.

10. c Die Worte „Arubaito" und „kuranke" gehen tatsächlich auf die deutsche Sprache zurück. Das angeblich japanische Wort für „Glatteis" ist erfunden.

11. c Das Gehörknöchelchen namens Steigbügel ist der kleinste Knochen im menschlichen Körper.

12. b Die Eigenrotation des Rotors wird genutzt.

13. a Der Oscar steht auf einer Filmrolle.

14. c Verurteilt wurde tatsächlich eine Kuh.

15. b Der antike griechische Dichter Aristophanes prägte die Redensart in diesem Sinn in seiner satirischen Komödie *Die Vögel*.

16. b Es sollen tatsächlich die Wiener Bäcker gewesen sein.

17. c Der Streik in Ägypten ist der erste, der in der Geschichte bekannt ist.

18. c Tatsächlich taucht der berühmte Satz in diesem Wortlaut im Film gar nicht auf.

19. c Der Plumpudding ist ein englisches Weihnachtsdessert.

20. c Die olympischen Läufer traten von nun an nackt gegeneinander an.

21. b Peter der Große erhob eine hohe Bartsteuer.

22. b Es gibt Insekten, die Ohrwürmer genannt werden.

Skurriles Alltagswissen I (Seite 64–72)

1. b Eltern haften, wenn sie die Missetaten ihrer Kinder ermöglicht haben, also wenn Streichhölzer offen herumliegen. Es berührt die Haftung nicht, ob die Kinder absichtlich oder nicht absichtlich gehandelt haben. Das vierjährige Kind ist nach Ansicht der Richter in der verkehrsberuhigten Zone kein Risiko für die Eltern. Sie haften dann nicht.

2. b „Saltimbocca" heißt übersetzt, dass das Fleisch „in den Mund springt".

3. c So lautet eine bekannte Redewendung.

4. c „Er verliebt sich" heißt auf Englisch „he falls in love".

5. b

6. a Runde Gullydeckel haben einen Rand, auf dem sie aufliegen. Also ist ihr Durchmesser immer größer als das Loch, das sie verschließen. Sie können keinesfalls in diese Öffnung fallen – wie man sie auch dreht und wendet. Ein quadratischer Gullydeckel könnte hingegen durch sein Loch fallen, da die diagonale Seite der Öffnung immer länger ist, als die jeweiligen Seiten des Deckels.

7. b Blue Jeans waren in den Vereinigten Staaten günstige Arbeitshosen für Goldgräber, Holzfäller, Viehhirten und Bauarbeiter. Der deutsche Emigrant Levi Strauss gilt als Erfinder der Jeans und wurde durch sie ein reicher Mann.

8. b Der französische Maschinenbauingenieur Louis Réard kreierte als einer der ersten gewagte Bikini-Modelle und gab dem neuen Kleidungsstück auch seinen Namen, benannt nach dem Bikini-Atoll.

9. b In der Typographie sind Serifen die kleinen Quer- und Haarstriche am Ende eines Schriftstrichs, quasi die „Füßchen" der Buchstaben.

10. b Manche Autos tragen zwar einen Stern, werden dadurch aber keineswegs bewertet.

11. a Einige Engländer betreiben das „fishing for compliments".

12. a Carl Djerassi entwickelte die Antibabypille, gemeinsam mit den Pharmakologen Gregory Pincus und John Rock.

13. b

14. c Als „Engländer" werden Schraubenschlüssel mit verstellbarer Schlüsselweite bezeichnet.

15. b Pellworm gehört zu den Nordfriesischen Inseln.

16. b

17. a

18. a

19. c

20. a Laut Redensart „schießen die Spekualtionen ins Kraut".

21. b Hierbei steht immer ein Stuhl weniger zur Auswahl als es Teilnehmer gibt. Auf ein Signal muss sich jeder setzen, und wer noch steht, hat das Spiel verloren. Der Gewinner sitzt auf dem letzten Stuhl.

22. c

23. a

24. c

25. b Ein Dschunke ist ein Segelschiff traditioneller chinesischer Bauart.

26. b Übermorgen soll fünf Tage vor Freitag sein. Fünf Tage vor Freitag ist Sonntag. Zwei Tage zurück (übermorgen), dann ist es Freitag. Und welcher Tag ist gestern gewesen? Donnerstag!

27. c Nonnensausen sind die Strömungsgeräusche des Bluts, die man beim Abhören mit dem Stethoskop feststellen kann und die auf veränderte Strömungsverhältnisse bei einer Anämie zurückzuführen sind.

28. c Heu ist geschnittenes Gras, also braucht es nicht mehr geschnitten zu werden. Die Heugabel wird benutzt, um Heu zu bewegen. Mit der Sense wird gemäht, zum Beispiel Gras oder Getreide.

29. b Das Flugzeug wird zwar schneller, wenn das Fahrwerk eingefahren wird oder das Flugzeug sich im Sinkflug befindet, normalerweise regelt der Pilot die Geschwindigkeit aber über die Triebwerke.

30. b

31. c Etwa 1500 Liter Blut werden täglich durch die Nieren gepumpt, das sind 1,2 Liter pro Minute. Alle fünf Minuten fließt die gesamte Blutmenge des Körpers einmal durch diese „Körperkläranlage" und wird gereinigt.

32. c Kochendes Wasser ist 100° C heiß, die Oberflächentemperatur von Sternen liegt bei 3000 bis 10000° C. Bei der Schwelung in einer Kokerei herrschen 500° C. Und die Hölle? Fragen wir Apostel Johannes (Offenbarung 19, 20): Die Hölle besteht aus einem „feurigen Schwefel-

sumpf". Schwefel siedet bei 444,7° C, in der Hölle wird es also nicht viel heißer sein.

33. b „Loriot" ist die französische Bezeichnung für den Vogel Pirol, das Wappentier der Familie Loriots. Loriots richtiger Familienname ist von Bülow.

34. a

35. b

Musik, Film & Bühne (Seite 73–79)

1. a

2. a

3. c

4. b

5. a Jede Strophe des altberliner Scherzliedes *Bolle reiste jüngst zu Pfingsten* endet mit: „Aber dennoch hat sich Bolle ganz köstlich amüsiert".

6. a

7. b James Brown, der „Godfather of Soul", brachte seinen Song *Sex Machine* 1970 in die Plattenläden und erregte damit großes Aufsehen.

8. a Der bedeutendste Fernsehpreis der USA wurde Harry Belafonte 1960 verliehen.

9. c Löwen werden bei den Filmfestspielen von Venedig überreicht.

10. c

11. a

12. c Die Oper heißt *Don Giovanni* oder richtiger: *Il dissoluto punito ossia il Don Giovanni* (Der

bestrafte Wüstling oder Don Giovanni). Sie wurde 1787 in Prag uraufgeführt.

13. b Sein Durchbruch als Schauspieler gelang DiCaprio mit der männlichen Hauptrolle in James Camerons melodramatischen Katastrophenfilm *Titanic*.

14. c Das kirchliche Weihnachtslied beginnt: „Es ist ein Ros entsprungen//Aus einer Wurzel zart.// Wie uns die Alten sungen ...“

15. b Der Vulkanier Spock ist eine Figur aus der Serie *Raumschiff Enterprise*. Das Blut der Vulkanier ist grün, da ihr Sauerstoffträgerpigment auf Kupfer und nicht wie bei Menschen auf Eisen basiert.

16. b Clark Kent ist Superman außer Diensten. (William) Clark Gable (1901–1960) war ein US-amerikanischer Schauspieler.

17. a Die 94. Sinfonie in G-Dur von Haydn ist die „mit dem Paukenschlag“. Die Rheinische Sinfonie Nr. 3 ist von Robert Schumann. Eine Sinfonie mit Amboss hat Haydn nicht komponiert.

18. a

19. c *Gräfin Mariza* ist eine Oper, komponiert von Emmerich Kálmán. Gräfin von Lovelace lebte im 19. Jahrhundert, die britische Mathematike-

rin hat die Anfänge der Informatik mitbegründet. Marion Gräfin Dönhoff (1909 – 2002) war Journalistin.

20. b

21. a

22. c

23. c Bald nach der Uraufführung 1958 kaufte Hitchcock die Rechte an dem Film zurück, da er meinte, das Publikum könne den Film (noch) nicht würdigen. Erst 1984 wurde er nach langer Abwesenheit wieder gezeigt.

24. b

25. a

26. b Der letzte Satz der 9. Sinfonie endet mit dem Chorfinale zu Schillers Ode *An die Freude*.

27. b „Über den Wolken muss die Freiheit wohl grenzenlos sein.//Alle Ängste, alle Sorgen, sagt man,//Blieben darunter verborgen und dann//Würde, was und groß und wichtig erscheint,//Plötzlich nichtig und klein."

Das etwas andere Allgemeinwissen II (Seite 80–89)

1. a Die Arena di Verona hat bei einer Höhe von 31 Metern nur 44 Reihen, der Nord-Ostsee-Kanal kommt ohne Staustufen aus, da der Höhenunterschied zwischen Nord- und Ostsee gering ist.

2. c Palindrome kann man sowohl vorwärts als auch rückwärts lesen. Ein Synonym ist hingegen ein sinnverwandtes Wort.

3. b Nesthocker sind das Gegenteil von Nestflüchtern. Da sie noch relativ unentwickelt zur Welt kommen, bleiben sie nach der Geburt beziehungsweise dem Schlüpfen noch längere Zeit im Nest.

4. b

5. a D'Artagnan existierte übrigens tatsächlich. Sein voller Name lautete Charles d'Artagnan de Batz-Castelmore (1623–1673). Alexandre Dumas machte ihn zum Helden seines Romans.

6. b Der Dekalog sind die Zehn Gebote, die Moses laut Altem Testament auf dem Berg Sinai empfing.

7. c Der Schmetterling Kleiner Flechtenbär oder Gelber Alpen-Flechtenbär gehört zur Familie der Bärenspinner.

8. c   Der Text aus dem 1. Akt (Auszug): „Nie sollst du mich befragen, noch Wissens Sorge tragen, woher ich kam der Fahrt, noch wie mein Nam' und Art!" So singt Lohengrin als Warnung an Elsa.

9. b   Seit 1543 kannte man in Japan Schusswaffen. Ihr Gebrauch war bis 1853 verboten.

10. b Die Leber ist die größte Drüse des menschlichen Körpers.

11. b Dies ist die ungefähre Geschwindigkeit, da sich das Blut nicht gleichförmig vorwärts bewegt, sondern schubweise vom Herzen weg befördert wird.

12. a Die Uspenski-Kathedrale ist eine orthodoxe Kirche in der finnischen Hauptstadt Helsinki. Ihr Name stammt aus dem Russischen und bedeutet Mariä-Entschlafens-Kathedrale.

13. b Magaret Thatcher war von 1979 bis 1990 Permierministerin des britischen Königreichs. Gro Harlem Brundtland ist eine norwegische Politikerin.

14. c Brobdingnag ist eines der Länder, die der Held aus Jonathan Swifts Roman *Gullivers Reisen*, besucht. Die Durchschnittsgröße eines Menschen bemisst sich in diesem fiktiven Land auf circa 18 Meter.

15. b Avalon, walisisch für „Apfelgarten" und im keltischen Mythos das Elysium, ist die Insel der
Seligen. Vor allem in der Artussage spielt Avalon
als Aufenthaltsort der toten Helden eine zentrale
Rolle.

16. c Der Schöne Brunnen ist circa 19 Meter hoch und
hat die Form einer gotischen Kirchturmspitze.

17. a Die deutsche Philosophin, Frauenrechtlerin und
katholische Nonne jüdischer Herkunft wurde
1987 von Papst Johannes Paul II. selig und 1998
heilig gesprochen. Edith Stein wurde 1942 von
den Nationalsozialisten in den Gaskammern
von Auschwitz-Birkenau ermordet.

18. a

19. a In den Nachkriegswirren übernahmen die Grün-
der der *ZEIT* kurzerhand das Bremer Stadtwappen als Schmuck für die erste Seite in den Titel.

20. c

21. a Zum Beispiel der Campanile di Pisa. Risalit ist
ein hervorspringender Teil eines Gebäudes.
Frontispitz ist hingegen kein Begriff aus der
Architektur, es handelt sich dabei um eine Abbil-
dung auf der Seite gegenüber der Titelseite eines
Buches.

22. a Der Erzengel Gabriel grüßte die Jungfrau Maria auf „englische" Art, denn die Bezeichnung „englisch" wurde im Deutschen früher im Sinn von „den Engeln eigen", „engelsgleich" oder „unübertrefflich" verwendet.

23. b Benito heißt aus dem Italienischen übersetzt „der Gute".

24. a Die thailändische Währung heißt Baht.

25. b „E pluribus unum" heißt aus dem Lateinischen übersetzt „aus vielen Eins" und ist der Wahlspruch der USA. Er ist bekannt geworden durch die Verwendung auf dem US-Siegel sowie auf der Ein-Dollar-Note.

26. b Thomas Dörflein betreut im Berliner Zoo seit Dezember 2006 den Eisbären Knut, der von seiner Mutter nicht angenommen worden war.

27. b

28. c Vom längsten Breitenkreis, dem Äquator, nimmt die Länge der Kreise zu den Polen hin kontinuierlich ab. Die Wendekreise liegen auf 23,5 Grad, die Polarkreise liegen auf 66, 5 Grad, also viel näher am Pol.

29. b Der veraltete Ausdruck stammt aus dem Wortschatz des Militärs und wird für alle Arten der Tarnung verwendet.

30. a

31. a Die Handlesekunst, auch Chiromantie genannt
(das Wort „chiro", „cheir" oder „cheiros"
stammt aus dem Griechischen und bedeutet
„Hand"), versucht aus der Gestalt der Hand
und ihrer Linien Schlüsse über die Zukunft eines
Menschen zu ziehen.

32. b Schengen liegt im Dreiländerdreieck von Frankreich, Deutschland und Luxemburg. Auf einem
Moselschiff in der Nähe von Schengen wurde
das gleichnamige Abkommen unterzeichnet.

33. c Wie andere Früchte wächst auch die Sauerkir-
sche am besten in der Sonne. Ihr Name hat
nichts mit der Vorliebe für schattige Plätze zu
tun. Die Kirsche ist nach dem französischen
Schloss *Château de Moreilles* benannt, aus dessen Gärten sie ursprünglich stammen.

34. b

35. a

36. a Die gesamte Festlandfläche der Erde beträgt etwa
144,5 Millionen Quadratkilometer, Deutschland
nimmt davon 357100 Quadratkilometer ein. Das
ergibt einen Anteil von aufgerundet 0,25 Prozent.

37. b Asteroiden sind planetenähnliche Himmelskörper, die sich im Sonnensystem in großer Anzahl
auf elliptischen Bahnen um die Sonne bewegen.

38. c Die Kirche Sankt Michaelis in Hamburg wird
oft Michel genannt, obwohl eigentlich nur der
Turm so heißt.

39. c

Unglaubliche Geschichten II (Seiten 90–118)

1. a Wenn es sein muss, können Kühe sehr wohl schwimmen.

2. c Natürlich schnurren Katzen aus Wohlbehagen, aber manchmal auch, wenn sie Schmerzen erleiden – so beruhigen sie sich selbst.

3. c Der Zahnschmelz ist das härteste Gewebe im Körper.

4. a „Kanada" geht auf das irokesische Wort für „Dorf" zurück.

5. b Der antike Mathematiker und Ingenieur machte einige erstaunliche Erfindungen, unter anderem diesen Weihwasser spendenden Automaten.

6. c Der Begriff wurde zuerst für Mitglieder des spanischen Königshauses verwendet.

7. a Am schnellsten weckt der Geruchssinn unsere Erinnerung.

8. a Eintagsfliegen leben höchstens ein paar Tage und ernähren sich währenddessen von ihren Reserven.

9. b Der Vorname Amadeus geht auf Theophilus zurück. Sein Geld gab Mozart noch zu Lebzeiten mit vollen Händen aus.

10. b Der Koloss von Rhodos stand nicht länger als etwa 65 Jahre.

11. a Die dunklen Höhlen dienen dem Guacharo vor allem als Ruhe- und Nistraum.

12. b Diese Behauptung kam in den 1960ern auf, heute ist man sich aber sicher, dass zwischen Aluminium und Alzheimer kein Zusammenhang besteht.

13. a Die Anzahl der Sternbilder ist auf 88 festgelegt.

14. a Schlangen sind taub, sie folgen nur der Bewegung der Flöte.

15. c Die Bachblütentherapie wurde von Dr. Edward Bach entwickelt.

16. c Ohrenwackeln kann man trainieren.

17. c Auch wenn sich das Gerücht hartnäckig hält, die Chinesische Mauer kann man bei günstiger Witterung vielleicht vom nahen Weltraum aus sehen, aber niemals mit bloßem Auge vom Mond.

18. a Gürteltiere können ihre Schwangerschaft hinauszögern.

19. c Karl Drbal hat sich seine Entdeckung patentieren lassen.

20. a Allerdings führt nur eine große Anzahl von Bienenstichen zum Tode.

21. c Pferde können also auch im Stehen schlafen, nur wenn sie sich völlig sicher fühlen, legen sie sich hin.

Spiel & Sport (Seite 119–123)

1. b Im Stabhochsprungwettbewerb konnte durch die Verbesserung des Sprungstabes, der heute aus Fiberglas-Material besteht, eine optimale Elastizität erreicht werden.

2. b Lumumba ist ein heißes Schokoladengetränk mit einem Schuss Rum – einen Tanz, der so heißt, gibt es nicht.

3. b

4. b Bingo ist ein weit verbreitetes, dem Lotto ähnliches Glücksspiel, bei dem die Spieler vor dem Spiel Zahlentafeln kaufen und für sich reservieren. Pétanque ist ein französisches Nationalspiel, das mit dem beliebten Spiel Boule verwandt ist. Die Spieler werfen ihre Kugeln, um sie möglichst nahe an ein Ziel zu befördern.

5. c Beim Trabrennen ziehen Pferde den zweirädrigen Wagen (Sulky) mitsamt dem Fahrer. Sie müssen während des Rennens im Trab bleiben.

6. b Das Mühlespiel wird auf einem Spielfeld mit drei Quadraten gespielt, die von vier Geraden geteilt werden. Schach und Dame spielt man auf einem Spielfeld mit insgesamt 64 schwarzen und weißen Quadraten.

7. b Erst seit 1984 laufen auch Frauen den Marathon bei den Olympischen Spielen. Der Zehnkampf ist seit 1912 olympische Disziplin, Hammerwerfen seit 1900.

8. b

9. c Der französische Dominikanermönch Henri-Martin Didon (1840–1900) hat das Motto „citius, altius, fortius" („höher, schneller, weiter/stärker") zuerst auf einem Schulsportfest verwendet.

10. b Dieser Zeitraum beträgt vier Jahre.

11. a Persisch „Schah" bedeutet „König".

12. c Beim Mühlespiel baut sich eine Zwickmühle aus zwei Mühlestellungen mit vier Steinen auf, zwischen denen ein fünfter hin und her pendelt.

13. a Der Marcha Real (Königlicher Marsch) ist die Nationalhymne Spaniens. Sie ist eine der wenigen Nationalhymnen ohne Text.

14. a

15. b

16. b Der FC St. Pauli war noch nie Meister, Viktoria 89 Berlin war 1911 Deutscher Meister, SK Rapid Wien 1941.

17. a Englands WM-Premiere war 1950. Englische Fans möchten diese Weltmeisterschaft möglichst schnell vergessen, ihr Team verlor zunächst gegen die USA (ehemalige Kolonie!) und dann gegen Spanien (!) und durfte nach Hause fahren. Welch ein Debakel.

18. a Das Spiel Canasta (ähnlich dem Rommé) braucht zwei Kartensätze à 52 Karten, hinzu kommen vier bis sechs Joker. Tarot wird mit 78 Karten gespielt und Patience mit 52.

Kunst, Literatur & Comic (Seite 124–130)

1. a Pablo Picasso schuf 1946 die Konstruktion aus Fahrradeinzelteilen.

2. a Die *Madonna mit Nelke* hängt in der Münchener Alten Pinakothek, die beiden anderen im Louvre.

3. c Der Hund von Obelix heißt Idefix. Dieser Name ist ein französisches Wortspiel, denn Idéfix ist hergeleitet von „avoir une idée fixe" und das bedeutet „dickköpfig sein". Der Hund bei *Lucky Luke* heißt Rantanplan, und der Vierbeiner in *Tim und Struppi* ist Letzterer.

4. a Bruxismus ist der medizinische Begriff für das Zähneknirschen im Schlaf.

5. c Das Nimmerland ist ein Ort, an dem Kinder niemals erwachsen werden.

6. a

7. b Franz Kafka begann seinen Roman *Der Prozess* mit diesem Satz.

8. b

9. b *Der Denker* ist eine Marmorplastik, von der es mehrere Versionen gibt. Eine davon steht auf Rodins Grab.

10. a Amazonen und Pferde verteilen sich um und auf einer geländerlosen Steinbrücke. Das Gemälde hängt in der Alten Pinakothek in München.

11. b Gemeint sind natürlich die sieben Zwerge.

12. b Idefix ist nicht in jedem Abenteuer mit von der Partie. Im ersten Band *Asterix der Gallier* gibt es ihn noch gar nicht, erst im sechsten Band *Tour de France* taucht das spätere Maskottchen von Obelix auf und ist seither nicht mehr wegzudenken.

13. a

14. c *In 80 Tagen um die Welt* heißt der Roman von Jules Verne.

15. b Rih ist das Pferd von Kara Ben Nemsi, dem Ich-Erzähler der Karl May-Romane. Iltschi heißt Winnetous Pferd.

16. c Denn Rapunzel lässt ihr Haar zum geliebten Prinzen herunter, und er kann daran zu ihr hinauf in den Turm steigen.

17. a

18. c Die böse Königin gibt Schneewittchen einen vergifteten Apfel.

19. c

20. b Chico, Harpo und Groucho sind hingegen die Marx-Brothers und Barry, Maurice und Robin sind die Brüder Gibb der Band Bee Gees.

21. a Die Dursleys sind die einzigen lebenden Verwandten Harry Potters nach dem Tod seiner Eltern.

22. b

23. a

24. b Das von Astrid Lindgren erfundene Mädchen heißt mit vollem Namen Pippilotta (in einem Wort! Pippi ist die Verkürzung) Viktualia Rollgardina Pfefferminza Efraimstochter Langstrumpf.

25. b Gründungsmitglieder waren 1911 neben Franz Marc Wassily Kandinsky und August Macke.

26. c Neben Helga Hufflepuff gründeten Godric Gryffindor, Salazar Slytherin und Rowena Ravenclaw die Zaubererschule von Harry Potter.

27. c „Sie ist die Erste nicht", so kommentiert Mephisto kalt das Schicksal Gretchens in Goethes *Faust I*. „Erst geköpft, dann gehangen" ist eine Zeile aus Mozarts *Entführung aus dem Serail* und „Erst kommt das Fressen, dann kommt die Moral" ist ein berühmtes Zitat aus Brechts *Dreigroschenoper*.

Skurriles Alltagswissen II (Seite 131–138)

1. a „Otorrinolaringólogo" heißt „Halsnasenohren-
arzt" auf spanisch und „εθςαὠιστῦ™ (efcharisto) ist das griechische Wort für „Danke".

2. b

3. b

4. b

5. c Im römischen Kalender war der September ursprünglich der siebte Monat (lat. septem =
sieben). 153 v. Chr. wurde der Jahresbeginn aber
um zwei Monate vorverlegt.

6. a Diese Wendung steht im Buch Hiob 30,19.
Hunde, wollt ihr ewig leben? ist der Titel eines
deutschen Films über die Schlacht von Stalin-
grad im Zweiten Weltkrieg. Die Verszeile „Er
lebte, nahm ein Weib und starb" stammt aus
dem Gedicht *Der Greis* von Christian Fürchte-
gott Gellert.

7. a Der Amboss gehört zu den Gehörknöchelchen
im Kopf, der Solarplexus ist ein Nervengeflecht
in der Bauchhöhle und der Meniskus ein Knorpel im Kniegelenk.

8. b Alf ist ein Weinort an der Mosel.

9. a

10. c

11. a Die Wendung bezieht sich auf „den Anfang und das Ende". Im Griechischen geht das Alphabet von Alpha bis Omega und in der Bibel spricht Gott: „Ich bin das A und O, der Erste und der Letzte, der Anfang und das Ende" (Offenbarung des Johannes 22, 13).

12. b Schamotte ist ein gebrannter, feuerfester Ton, der zerkleinert rohem Ton beigemengt wird.

13. c

14. a

15. c

16. a

17. a Die durchschnittliche Dauer der astronomischen Jahreszeiten beträgt: Sommer 93,65 Tage, Herbst 89,84 Tage, Winter 88,99 Tage. Auch ein Blick in den Kalender hilft, denn im Sommer gibt es zwei Monate mit 31 Tagen. Zwar ist das auch im Winter so, aber der Februar mit 28 beziehungsweise 29 Tagen verkürzt diese Jahreszeit.

18. a Von 1860 bis zum Ausbruch des Ersten Welt-
kriegs kämpften die britischen und US-amerika-
nischen Suffragetten für ein allgemeines Frauen-
wahlrecht.

19. b

20. a Es handelt sich um ein Gerät, das durch Stre-
ckung der Muskeln zu deren Aufbau beitragen
soll.

21. b Veganer ernähren sich ausschließlich pflanzlich.
Ein Gourmand ist ein Vielfraß – nicht zu ver-
wechseln mit dem Gourmet. Trennkost wurde
von dem amerikanischen Arzt Howard Hay
entwickelt. Dabei soll viel Obst gegessen, aber
nicht unbedingt auf Tierisches verzichtet werden.

22. b Als Tide bezeichnet man auch die Gezeiten
(niederdeutsch tiet = Zeit).

23. c Die Wendung stammt wahrscheinlich aus der
Zeit Karl V. (1500–1558). Der spanische König
trug seit 1519 auch die deutsche Kaiserkrone,
und den Deutschen kamen viele Sitten und
Gebräuche, die der Kaiser eingeführt hatte,
seltsam und fremdartig, also „spanisch", vor.

24. b Mathematisch exakt ist die Länge der Diagona-
len, die mit Wurzel aus zwei berechnet wird,
1,414213562 Zentimeter.

25. b Zipperlein ist die veraltete Bezeichnung für die Fußgicht.

26. a

27. c Die Basis des chinesischen Horoskops bilden zwölf Tierkreiszeichen: Ratte, Büffel, Tiger, Hase, Drache, Schlange, Pferd, Schaf, Affe, Hahn, Hund und Schwein.

28. b Der Name 4711 geht auf den Firmensitz der Kölnisch-Wasser-Familie Mühlens zurück, 1881 wurde die Firma wie folgt eingetragen: „Eau de Cologne & Parfümerie Fabrik Glockengasse 4711 gegenüber der Pferdepost von Ferd. Mülhens in Köln am Rhein".

29. b

30. c

Unglaubliche Geschichten III (Seiten 139–168)

1. b Der Flügelschlag einer Mücke ist die am schnellsten ausgeführte Bewegung aller Lebewesen.

2. b Schwäne singen nicht. Nur die vom Singschwan hervorgebrachten Töne könnte man vielleicht als Gesang bezeichnen.

3. b Luzifer „Lichtbringer" ist die lateinische Bezeichnung für Morgenstern.

4. a Schweine brauchen die ganze ihnen zur Verfügung stehende Milch für den eigenen Nachwuchs.

5. b Die Maoris zeigen sich so furchtlos. Dass die herausgestreckte Zunge eine traditionelle tibetische Form der Begrüßung sei, wird zwar oft kolportiert, stimmt aber nicht.

6. c Probieren Sie es nur selbst!

7. c Tatsächlich gibt es nicht genug Banknoten, um das Gesamtguthaben aller Kontenbesitzer zu decken.

8. b Der Verdacht, Nero sei selbst für den Brand verantwortlich, konnte nie eindeutig belegt werden und bleibt ein Gerücht. Die Christenverfolgung unter ihm ist aber dennoch Fakt.

9. a Die Bezeichnung für Bordell geht tatsächlich auf das Würfelspiel Backgammon zurück.

10. b Die Kochmütze symbolisiert den Rang des Kochs.

11. c Laut Überlieferung wurde das erste Papier in China hergestellt.

12. c Menschen schwitzen, und Hunde hecheln.

13. a Der Geruchssinn von Hunden ist unschlagbar.

14. b Vögel picken Kiesel mit auf.

15. c Jaime Vendera hat seinen Erfolg auf Video festgehalten.

16. a Grundsätzlich ist es möglich, sich auch an diesen Stellen zu verbrennen.

17. c Qi ist die Kraft, die allen Lebewesen innewohnt.

18. b Ohren älterer Menschen wirken somit tatsächlich größer.

19. b Die Suppe wärmt besser und lang anhaltender.

20. b Vögel wissen Muscheln auf geschickte Art und Weise zu knacken.

21. c Die Kartoffel kommt aus Südamerika.

Über die Autoren

Kim Havenith, geboren 1962, ist gelernter Journalist und war als Managementberater in Hamburg tätig. Nach seinem Umzug nach Berlin widmet er sich heute verstärkt der Unterhaltungssparte. Seit 2000 produziert er Rätsel, Quizfragen und Logicals. Er arbeitet unter anderem für *DIE ZEIT* mit dem Autor Eckstein zusammen.

Gabriele Woschech, ebenfalls Jahrgang 1962, ist studierte Architektin und gelernte Yogalehrerin. Gemeinsam mit Kim Havenith entwirft und gestaltet sie seit mehreren Jahren Rätsel und Quizfragen für deutschsprachige Printmedien.

Kim Havenith und Gabriele Woschech sind verheiratet und wohnen mit Katze Ginger (*1999) im Zentrum Berlins.